Karl Wilhelm Ritter von Gümbel

Die geognostische Durchforschung Bayerns

Karl Wilhelm Ritter von Gümbel

Die geognostische Durchforschung Bayerns

ISBN/EAN: 9783743494862

Hergestellt in Europa, USA, Kanada, Australien, Japan

Cover: Foto ©Andreas Hilbeck / pixelio.de

Weitere Bücher finden Sie auf **www.hansebooks.com**

Die geognostische Durchforschung Bayerns.

Rede

in der

öffentlichen Sitzung der k. Akademie der Wissenschaften

am 28. März 1877

zur Feier ihres einhundert und achtzehnten Stiftungstages

gehalten von

Dr. C. W. Gümbel,

ordentlichem Mitgliede der math.-phys. Classe der k. Akademie.

München 1877.
Im Verlage der k. Akademie.

Wenn ich heute bei dieser festlichen Gelegenheit das Wort ergreife, um über die geognostische Erforschung Bayerns zu sprechen, so kann es meine Aufgabe nicht sein, mich über den Zweck und die Ziele einer solchen umfangsreichen Arbeit im Allgemeinen zu verbreiten. Denn ich würde mich vor einer Versammlung so erleuchteter Männer des gerechten Vorwurfs schuldig machen, ein geringeres Maass von Kenntnissen über Gegenstände vorauszusetzen, von denen man annehmen darf, dass jeder Gebildete hierin heute zu Tage bis zu einem gewissen Grade unterrichtet sei.

Hat doch die geognostische Wissenschaft längst aufgehört, eine blosse Wissenschaft der Gelehrten und für die Gelehrten zu sein; sie ist bereits ein Gemeingut Vieler geworden, welche nach einer eingehenderen Kenntniss der uns umgebenden Natur, insbesondere des Bodens, auf dem wir zu leben angewiesen sind, trachten, oder welche durch den Beruf, in dem sie thätig sind, bei dem vielfach praktischen, von ihr gewährten Nutzen zu ihr hingeführt werden. Sie ist sogar eine Lieblingswissenschaft in Kreisen geworden, die es sonst mit strengerer Geistesarbeit nicht gerade ernst nehmen. Man kann nun zwar darüber streiten, ob diese Verallgemeinerung der Wissenschaft zum Nutzen gereiche, weil dadurch viel Oberflächliches gefördert und viel Unrichtiges weiter verbreitet wird, als es zu wünschen ist. Ich möchte es dennoch nicht in Zweifel ziehen, da auch hieraus ein wünschenswerther Nutzen dadurch erwächst, dass zunächst die Lust und Freude für die Wissenschaft wachgerufen wird, was ja als der erste Schritt gelten kann, um zu einem ernsteren Studium überzugehen. Es ist nur eine um so höhere und wichtigere Aufgabe, welche den eigentlichen Trägern der Wissenschaft zufällt, darüber zu wachen, dass nur gesunde und reife Kost, wie sie allein dem fruchtbaren Boden der richtig beobachteten Thatsachen entsprosst, den grösseren Kreisen als Nahrung gereicht werde.

Wie hoch und allseitig der Werth der geognostischen Forschung geschätzt wird, darüber können wir keinen besseren Maassstab finden, als den Grad der Vorsorge, welche in weiser Einsicht die Regierungen ihrer Pflege zuwenden. Wohin wir blicken, in jedem Staate, so weit Länder des Erdkreises nur einiger Maassen einer Kultur und geregelter Zustände sich erfreuen, bestehen seit einer Reihe von Jahren nach dem Vorbilde Englands Anstalten [1], *) deren Aufgabe es ist, nicht bloss die geognostischen Wissenschaften zu pflegen, wie es an Akademien und Universitäten üblich ist, sondern welchen überdiess die genauesten Erforschungen, Untersuchungen und Feststellungen aller dem umfangsreichen Gebiete der Geognosie zufallenden Verhältnisse obliegen. Wenn auch ein guter Theil dieser Thätigkeit mehr auf das praktische als rein wissenschaftliche Gebiet überspielt, wie es bei der Herstellung der geognostischen Karten und Profile, ohne welche ein gründliches Studium geognostischer Verhältnisse unmöglich erscheint, bei der Schilderung des Bodens und Untergrundes und bei dem Nachweis des Vorkommens nutzbarer Mineralien oder Gesteine überhaupt der Fall ist, so steht doch auch anderer Seits mit den hiefür nothwendigen Erhebungen die Gewinnung von Material in unzertrennbarer Verbindung, welches der reinen Wissenschaft zur ausgiebigsten Nahrungsquelle für ihre Forschungen dient. Auf solche Weise wirken derartige Anstalten befruchtend und nutzenbringend zugleich für das praktische, wie für das geistige Leben. Die grossen Ausstellungen in London, Paris, Wien haben gezeigt, in welchem Grade diese Auf-

---

*) Diese und die folgenden Anmerkungen sind im Anhange zusammengestellt.

gabe in den verschiedenen Ländern zu lösen versucht wurde und man kann mit Recht behaupten, dass die Höhe, auf welcher die geognostischen Arbeiten da oder dort stehen, zugleich auch dem jeweiligen Stande entspricht, welchen Industrie und Gewerbthätigkeit im Bunde mit der Wissenschaft auf dem Wege des Fortschrittes in den betreffenden Ländern erreicht haben.

In den der Kultur neu zuerschliessenden aussereuropäischen Gebieten sind es nicht selten die Geologen, welche als Pioniere zuerst in die Wildniss Bahn brechen, und vielfach hängt es von ihrem Fundberichte ab, wie rasch die vorher oft öeste Gegend sich in eine reichbevölkerte Landschaft umwandelt. Dabei sind es nicht bloss die gewinnverheissenden Goldfelder und Fundstellen der schwarzen Diamanten, welche auf solche Weise erschlossen werden, sondern auch die Wissenschaft selbst empfängt die reichsten Geschenke, deren wahrer Werth oft jenen der sich nicht wieder erneuernden, unterirdischen Schätze weit übersteigt. Haben uns nicht neuerdings diese mit den grössten Gefahren unternommenen geologischen Forschungen bloss aus dem Felsengebirge Nordamerika's die Ueberreste von mehr als 300 neuen Arten z. Th. riesiger Säugethiere kennen gelehrt, sind nicht aus Wyoming, Colorado, Neu-Mexico, Utah, Alabama, Kansas, New-Jersey und Nebraska fast unerschöpfliche Schätze ausgestorbener Thiere der wissenschaftlichen Untersuchung zugeführt worden, Formen von der wunderbarsten Gestaltung, welche die in der jetzt lebenden Schöpfung so vielfach unterbrochene Reihe durch Zwischenglieder ergänzen und enger mit einander verbinden? Es sind darunter Thiere, die als Sammeltypen den Charakter der Fleischfresser, Huf- und Nagethiere an sich tragen, wie die *Tillodontier*, dann die mit drei Paar Hörner versehenen *Dinoceraten*, Mittelformen zwischen Rüsselthieren und Dickhäuter, Bindeglieder zwischen Kameel und Lama, zahlreiche Stammväter der Thierbevölkerung der jetzt in der nördlichen Hemisphäre zerstreut wohnenden Arten, dazu kommen Vögel mit Zähnen und z. Th. mit biconcaven fischartigen Wirbelknochen, und dann wieder zahlose Flugeidechsen, Saurier mit

Schlangenköpfen, 20 Meter langen Seeungeheuer von abenteuerlicher Bildung. ²)

Der Gewinn, welchen namentlich die systematische Zoologie aus solchen Funden ziehen kann, ist geradezu ein unberechenbarer, aber noch weit wichtiger ist die Belehrung, die wir in Bezug auf den Gang der Schöpfungsgeschichte unserer Thierwelt daraus zu ziehen in Stand gesetzt sind.

Aber können wohl wir, die wir das Glück haben, Bewohner reich bevölkerter, leicht zugänglicher Gegenden und der Cultur bereits ganz erschlossener Länder zu sein, hoffen, dass ähnliche Schätze durch geognostische Forschungen auch noch bei uns gehoben werden? Gewiss und zuverlässig. Denn auch wir haben mitten unter uns noch viele so zu sagen unbekannte Länder, wenigstens was ihre unterirdische Natur anbelangt, noch ein weites Feld für Entdeckungsreisen, und ein würdiges Ziel für tiefer eindringende Forschungen, die vielleicht minder gefahrvoll und abenteuerlicher, als im Bereich wilder Völker sein mögen, aber gewiss nicht weniger werthvolle Erfolge in sichere Aussicht stellen.

Um nur auf ein Beispiel aus unserer nächsten Nähe hinzuweisen, sei an das Ries bei Nördlingen erinnert. Wer sollte glauben, dass hier in Mitte des weiten, viele Meilen messenden, jetzt mit fruchtbarem Ackerlande und tiefgründigem Boden hoch ausgefülltem Kessel, in dem ein ewiger Frieden der Natur zu herrschen scheint, in einer nach geologischer Zeitrechnung nicht so sehr lang verflossener Vergangenheit, einmal ein mächtiger Vulkan seine furchtbare Thätigkeit entfaltet hat, und dass hier alle jene grossartigen, Schrecken und zugleich Staunen erregenden Erscheinungen — Lavaergüsse, Aschen-, und Bombenregen, Erdbeben —, wie sie uns in den jetzt noch thätigen Feuerbergen so gewaltig entgegen treten, thätig waren? Ist auch dieser weite Krater wieder in sich zusammengesunken, indem er ringsum die zerstückelten und strahlig zerborstenen Jurakalkfelsen im Zusammenbruche mit sich niederzog, um eine fast kreisförmig vertiefte Einsenkung, ein weites Becken inmitten eines sonst gleichmässig fortlaufenden Gebirgszugs, des schwäbisch-fränkischen Jurarückens, an seine Stelle treten zu lassen, so bezeugen doch tausende von vulkanischen Doruben, welche rings über die Höhen des Riesrandes ausgestreut sind, mächtige zu einer Art Trass verkittete, vulkanische Aschenmassen, die an zahllosen Orten in der Nachbarschaft sich abgelagert finden, und das Lava-artige Basaltgestein am Wenneberg, dass der Riesvulkan zu seiner Zeit nicht weniger gewaltthätig, wie seine Nachkommen, die Vulkane der Jetztzeit, unermessliche Menge von Asche und Lapilli emporschleuderte und viele Meilen weit über die benachbarten Höhen ausstreute. In der durch das Einsinken des Vulkans entstandenen Vertiefung aber sammelte sich alsbald Wasser an und es entstand ein grosser See, den Maaren vergleichbar, die in den rheinischen Gegenden einer ähnlichen Naturerscheinung ihr Dasein verdanken, mit zahlreichen Inseln, über welche kalkreiche, aus der Tiefe aufsteigende Quellen sich ergossen und mächtige Kalktuffablagerungen ausbreiteten. Diese Inseln waren es, auf welchen vielerlei, jetzt hier fremdartige Thiere hausten, wie die im Kalktuff eingeschlossenen zahlreichen Knochen und Eier des jetzt nach dem Süden. gezogenen Pelekans und andere Thierüberreste beweisen. Am Grunde dieses Sees aber sammelte sich das von allen benachbarten Höhen beigeschwemmte milde Erdreich massenhaft als Schlammabsatz an, und es entstand, nachdem das Wasser durch die später gebildete Wörnitzthalspalte einen Abfluss gefunden hatte, daraus das fruchtbare Erdreich des Riesgau's in seinen tief gründigen Lagen. Die geognostische Forschung hat hier diesen vordem unbekannten Vulkan in Mitten einer der am reichsten bevölkerten Landstriche in der That neu entdeckt und dem „alten See" Wirklichkeit verliehen, von dem nur noch in der Sage einige leise Nachklänge fortlebten.[3])

So reiht sich Aufschluss an Aufschluss über die Vorgeschichte unseres Landes und zeichnet uns in mehr oder weniger deutlichen Umrissen die Vergangenheit, auf deren genauern Kenntniss ja allein die tiefere und gründlichere Einsicht in die Gegenwart beruht.

Dass aber solche Nachweise nicht blos wissenschaftliches Interesse erregen und theoretischen Werth beanspruchen dürfen, sondern auch praktische Bedeutung besitzen, möchte sich kaum deutlicher, als an dem eben angeführten Beispiele der geognostischen Verhältnisse im Ries klar legen lassen.

Mit vollem Recht gilt das Vorkommen von Steinkohlen in einem Lande als einer der wirksamsten Hebel des Aufblühens und Gedeihens der Industrie und als einer der wichtigsten Quellen des Nationalreichthums. Nichts ist daher gerechtfertigter, als der Wunsch, den die Bewohner der ausgedehnten Länderstrecken zwischen bayerischem Walde nebst Oberpfälzer Gebirge, dem Schwarzwalde und Odenwald mit der Bevölkerung noch gar mancher anderer Gegenden theilen, wohlfeiler, als dies von Aussen her wegen der Verfrachtungskosten möglich ist, Steinkohlen aus dem eigenen heimathlichen Boden schöpfen zu können. Es wurde schon vielfach die Meinung selbst in Kreisen, die mit diesen Verhältnissen näher vertraut sind, ausgesprochen, dass in dem weiten Zwischengebiete innerhalb der eben bezeichneten Urgebirgsrücken vielleicht in der Tiefe überdeckt und dem Auge des Uneingeweihten durch mächtig aufgelagerte jüngere Gesteinsschichten verhüllt noch unerschlossene und unbenützte reiche Kohlenschätze schlummern könnten. Es sind sogar zahlreiche Tiefbohrungen in der Absicht, diese so sehr gewünschte Steinkohlen aufzufinden, veranstaltet worden. Aber alle diese Versuche am Rande sowohl des östlichen, wie des westlichen Gebirgs haben bis jetzt das übereinstimmende, leider ungünstige Ergebniss geliefert, dass das Kohlengebirge hier bis auf schwache Andeutungen fehlt und dass keine Hoffnung besteht, in benutzbarer Tiefe hier Steinkohlen zu finden.[4])

Dürfen wir uns das bezeichnete Zwischenland zwischen Schwarzwald und bayerischem Wald als eine Art vertieftes Becken vorstellen, das in seinem Untergrunde mit älteren Gesteinsschichten und unter diesen von ergiebigen Steinkohlen in sich schliessenden Lagen erfüllt wäre, so müsste, falls man tief genug etwa mit einem Schacht- oder Bohrloch in diese Ausfüllungsmassen vordringen würde, da oder dort auf dieses in der Tiefe versteckte Kohlengebirge stossen. An dem Rande dieses Beckens haben die Tiefbohrungen, wie wir früher gesehen haben, zu einem günstigen Ergebniss nicht geführt. Wie aber wird sich diess nicht vielleicht günstiger verhalten, wenn wir mit unseren Versuchen weiter in die Muldenmitte vorrücken? Für einen solchen Versuch hat uns der Riesvulkan, dessen vorher Erwähnung geschah, bereits die begehrten Dienste gethan und die kostspielige Aufschlussarbeit erspart. Denn er hat mit seiner Asche und den Bomben nicht bloss unzählige Stücke des Gesteins aus dem tiefsten Untergrunde mit emporgeschleudert, — wir finden diese Stücke in dem vulkanischen Tuff und der Trassablagerung der Riesgegend reichlich eingebettet — sondern auch ganze Felsmassen des von ihm durchbrochenen Fundamentes, auf denen die jüngeren Gesteine aufruhen, mit emporgehoben oder durch den Aufbruch blosgelegt, wie wir es in dem Gneisshügel der Marienhöhe bei Nördlingen, in dem granitenen Schlossberg bei Lierheim und in zahlreichen Kuppen und Schollen von Urgebirg-, Keuper-, Lias- und Doggergestein rings am und im Ries finden. Da sehen wir nun die verschiedensten Felsarten, die im Untergrunde vorfindlich sind, aber von älterem Schiefer, namentlich von Steinkohlengebirgsschichten fehlt jede Spur. Wir sind deshalb vom geognostischen Standpunkte aus vollkommen berechtigt anzunehmen, dass wenigstens hier die Triasgesteine und die jurassischen Schichten ohne Vermittlung anderer älterer Gesteine unmittelbar auf Urgebirgsbildungen aufruhen, dass alle tieferen Zwischenglieder der paläolithischen Periode fehlen und dass höchst wahrscheinlich das ganze weite Tiefland zwischen Schwarzwald und Böhmerwald von einem relativ hohen Urgebirgsplateau — allerdings jetzt in seiner gegenwärtigen Lage unter jüngeren Sedimenten der postcarbonischen, Trias- und Jurazeit vergraben und überdeckt — eingenommen wird. Es scheint demnach zur Zeit, in welcher stellenweis jene üppigste Vegetation, deren Ueberreste wir in den Steinkohlen gleichsam als versteinerte und aufgespeicherte Sonnenwärme in den Vorrathskammern der sog. Steinkohlenflötze aufbewahrt finden, an flachen

Meeresrändern und sumpfigen Buchten wucherte, ein höheres Festland die für das Gedeihen der Kohlenpflanzen erforderliche günstige Stätte hier nicht geboten zu haben.

Wir können die Ungunst solcher Verhältnisse, welche die Natur über uns verhängt hat, lebhaft beklagen, aber es wäre thöricht, nach unerreichbaren Phantomen zu haschen, die weder durch die Stärke unserer Einbildungskraft, wie lebendig dieselbe auch sein mag, noch durch die Innigkeit unseres Wunsches, wie berechtigt derselbe sich darstellt, eine Wirklichkeit erlangen. Die Klugheit räth uns, sich mit diesen natürlichen Verhältnissen, die zu ändern ausser unserer Macht liegt, zufrieden zu geben, und diesen Verhältnissen entsprechend in unseren Industrie-Bestrebungen und Unternehmungen mit diesen unabänderlichen Thatsachen zu rechnen.

So zeigt es sich hier, wie in hundert anderen Fällen, in welch fruchtbarer Verbindung die geognostische Wissenschaft die Aufgabe in sich vereinigt, die eine Hand der Praxis, die andere der Theorie zu reichen, um beiden zu dienen, beiden zu nützen und bei ihrem Vorwärtsschreiten sie in gleichem Schritt und Tritt zu halten.

Es ist deshalb auch nicht zweifelhaft, dass, obwohl die rein praktische Thätigkeit aus dem Kreise ausgeschlossen ist, in dem die Akademie der Wissenschaften zu wirken berufen ist, doch die wissenschaftliche Seite der geognostischen Forschung, von der wir sprechen, ihr ein Anrecht auf ihren Schutz und ihre Pflege verleiht und es nicht ungebührlich erscheinen lässt, dass ich die geognostische Erforschung unseres Landes als Gegenstand einer akademischen Rede gewählt habe.

Spricht sich doch hierüber die Stiftungs-Urkunde unserer Akademie vom Jahre 1807 deutlich genug dahin aus: „dass dem Forschungsgeiste durch bestimmte Weisungen keine Schranken gesetzt werden wolle und überhaupt der Zweck der Akademie nicht durch unmittelbare Anwendung der wissenschaftlichen Untersuchung bedingt, jedoch diese davon keineswegs ausgeschlossen sei, und es sollen deshalb diejenigen Mitglieder, welche ihr Nachdenken mehr auf praktische

Gegenstände, als auf theoretische Untersuchungen gerichtet haben, ihre Kräfte und ihren Fleiss vorzüglich dem Vaterlande widmen und diejenigen unter ihnen den grössten Dank verdienen, welche die angemessensten Mittel besonders zur Verbesserung der Agrikultur, zur Belebung der Industrie und vor Allem zur Vertilgung der noch herrschenden dem Kunstfleisse nachtheiligen Vorurtheile vorschlagen und ihnen Eingang zu verschaffen trachten werden."

Wie können wir heute nach 70 Jahren diese hohen Ziele, welche namentlich gewissen Zweigen der Naturforschung zu erreichen gesteckt sind, treffender und schärfer bezeichnen? Wenn wir noch einen Schritt weiter gehen wollten, um diesen Standpunkt in unserer Zeit noch bestimmter zu kennzeichnen, so könnten wir geradezu behaupten, dass auf vielen Gebieten menschlicher Thätigkeit jede Scheidewand zwischen Theorie und Praxis gefallen ist und dass erst das Durchdringen beider als das Zeichen des wahren Lebens und ihrer gedeihlichen Entwicklung angesehen werden muss. Von dem rein vegetativen Dasein ringt sich die praktische Thätigkeit durch die Wissenschaft auf zum geistigen Leben, von der bloss instinctiven Arbeit zum klarbewussten Schaffen. Wie willig folgt sie auf dem Pfade, welchen die Theorie erleuchtet und wie rasch zündet sie mit dem Funken, den die Wissenschaft schlägt, ein loderndes Feuer an, um sich daran zu erwärmen.

Ich will aus dem Gebiete, das mir am nächsten liegt, nur an die Davy'sche Sicherheitslampe erinnern, mit welcher wir Dank der wohlthätigen Erfindung des grossen englischen Chemikers durch die verderbenschwangeren Schwaden der Kohlenbergwerke, deren unvorsichtige Entzündung jährlich hunderten von Bergleuten das Leben raubt, gefahrlos unseren Weg gehen. Wie rasch haben wir eine der herrlichsten Entdeckungen unserer Zeit, den Spektralapparat, mit dem wir die chemische Zusammensetzung der Gase, selbst jener unserer Sonne optisch zu ermitteln im Stande sind, der Darstellung des Stahls mittelst des sog. Bessemer Verfahrens dienstbar gemacht, indem wir mit einem Spectroscop die Flammen beobachten und an dem Erscheinen gewisser farbiger Linien den Eintritt des Reactionsendes der Frischperiode sicher erkennen.

Aber auch die Wissenschaft hat von jener Absonderung, in der sie in sich selbst befriedigt nach Aussen hermetisch sich abschloss, von jener oft eitlen Ueberhebung und Verachtung, mit der sie von stolzer Höhe auf das niedere Treiben des Alltagslebens herabsah, Vieles vergessen gelernt, seitdem ihre grössten Meister es nicht unter ihrer Würde hielten, die ganze Kraft ihres Wissens und Könnens der Lösung gemeinnütziger praktischer Fragen zuzuwenden.

Die Geognosie vor Allem schliesst sich aufs engste der Reihe jener Wissenschaften an, die von allem Anfange an, ich möchte sagen, unwillkürlich der Praxis und den Bedürfnissen des Lebens dienstbereit sich zu erweisen als ihre besondere Aufgabe erkannt haben. Denn sie kann es nicht vergessen, dass der Bergbau ihr Vater und dass sie an den Brüsten der praktischen Erfahrung gross gezogen worden sei. Ich will nicht weiter von den Wechselbeziehungen sprechen, die zwischen Geognosie und dem Bergbau bestehen. Heute zu Tage würde man sich dem Spotte Aller aussetzen, wollte man mit der in der Johannisnacht geheimnissvoll geschnittenen „Wünschelruthe" oder nach den Angaben der „Wahlenbüchlein" die Lagerstätten nutzbarer Mineralien aufsuchen oder ihre verlorene Spur wiederfinden, statt in guten geognostischen Karten sich umzusehen und Belehrung zu erholen.

Vielleicht noch bedeutsamer und für grössere Kreise der Bevölkerung wichtiger ist die Beziehung, in welcher unsere Wissenschaft zur Land- und Forstwirthschaft tritt, die ja wesentlich und zwar oberirdisch, wie der Bergbau unterirdisch, die zweckentsprechendste und nachhaltigste Ausnützung einer bestimmten Erdschicht oder Gesteinslage, nämlich der Vegetationserde, des Feld- und Waldbodens zur Aufgabe hat. In diesem Sinne wird man die Ackererde ein **Brodflötz** und den Waldboden eine **Holzschicht** nennen können, welche man durch Tagarbeit bebaut. Ein wesentlicher Unterschied besteht nur darin, dass der Bergbau die Substanz, die er gewinnt, wegnimmt, ohne dass sie sich je wieder ersetzt, während die Bodenwirthschaft, wenn sie weise verführt, in der „Krume" eine fast unerschöpfliche, stets erneuerbare Quelle für eine dauernde Benützung zur Verfügung hat. Man kann die Wichtigkeit und Bedeutung dieser unansehnlichen Erdschicht nicht stark genug hervorheben. Denn um sie dreht sich hauptsächlich die gedeihliche und fröhliche Entwicklung und das innere Glück eines Staates. Daher fordert die Vorsorge für die Hebung des Nationalreichthums in erster Linie, der Pflege und Förderung der Landwirthschaft die möglichste Sorgfalt zuzuwenden. Es ist diess geradezu ein Gebot der Selbsterhaltung des Staates.

Bei den vielfachen Versuchen, welche in neuester Zeit mit mehr oder weniger Glück gemacht wurden, die Landwirthschaft zu fördern, steht in erster Linie das Bestreben, sie auf wissenschaftliche Basis zu stellen und ihr dadurch ein neues Belebungsmoment einzuhauchen. Hiebei ist allerdings in erster Linie die Chemie und Pflanzenphysiologie betheiligt. Aber über das Material, mit welchem diese experimentiren, über den Rohstoff, mit welchem die grosse Werkstätte der Natur arbeitet, gibt uns nur die Geognosie genügende Auskunft. Denn die Bodenkunde, welche für die Landwirthschaft ganz unentbehrlich erscheint, ist nichts anderes, als derjenige Theil der Geognosie, welcher sich mit den jüngsten Gebilden an unserer Erdrinde, mit der sog. Vegetationserde befasst; sie ist ohne letztere völlig unverständlich. Die Geognosie, indem sie den Boden kennen lehrt, seine chemischen, wie physiologischen Eigenschaften in gleicher Berechtigung nebeneinander feststellt, ist sich dabei wohl bewusst, dass sie durch diesen Nachweis an sich die unfruchtbare Bodenart nicht in eine fruchtbare umzuwandeln vermag. Indem sie aber zeigt, dass es hier eine gewisse Menge von Kieselsäure im Urgebirgsboden ist, welche den Graswuchs begünstigt, während dort Phosphorsäure und Kalk dem Gedeihen der Hülsenfrüchte sich förderlich erweist, lehrt sie uns den Grund einer Reihe von Erscheinungen kennen. Diess ist aber überhaupt der erste Schritt, den wir zu machen versuchen müssen, den Grund und die Ursachen der Erscheinungen kennen zu lernen, um nach den Mitteln zu forschen, die dazu führen können, auf diese Erscheinung auch selbst bestimmend einzuwirken. Auf diesem Wege führt uns die Geognosie weiter; sie lehrt uns die Erdmassen kennen, die unter der Vegetationserde lagern, nämlich den Untergrund, aus dessen Zersetzung, Umbildung und Vermengung mit organischen, humusartigen Stoffen der Boden grossen Theils hervorgegangen ist; sie weist uns da oder dort auf natürliche Vorrathskammern von Stoffen hin, welche noch ungeweckt und unbenützt im Gestein schlummern und in Vermengung mit dieser Stoffe bedürftigen Bodenarten diesen neue Kräfte zu verleihen vermögen. Welche grosse Mengen von Alkalien, von Phosphorsäure ruhen so noch unberührt im Schoosse der Erde! Man legt wohl jetzt noch viel zu wenig Gewicht auf diese mögliche Bodenvermengung; sie gilt vielfach als zu kostspielig und daher für nicht lohnend, ja man vermeidet in den meisten Fällen in der Praxis die Vermengung des Ackerlandes mit dem noch unzersetzten Untergrunde — dem sog. wilden Boden der Landwirthe — ohne zu bedenken, dass, wenn auch ein Uebermass schadet, doch eine gewisse Menge noch unzersetzter, aber zersetzungsfähiger Gesteine durch eine langsame Umbildung dem verarmten, seiner wirksamen Stoffe beraubten Boden neue Kraft zurückzugeben im Stande sei. Freilich kommt es hierbei ganz auf die Natur dieses beizumengenden unzersetzten Gesteins an, und es ist hier die erste Aufgabe, dieses nach der Beschaffenheit des Bodens auszuwählen. Ich sehe die Zeit kommen, in welcher die Landwirthschaft ohne diese Bodenmengung nicht fort zu arbeiten im Stande sein wird, und deshalb erblicke ich in dem Nachweis und der Feststellung solcher Gesteinslagen von verschiedenen, für die Vegetationserde brauchbaren Rohmaterialien, für welche die Geognosie hauptsächlich durch die Herstellung der sog. **geognostischen Karten** die Grundlage schafft, eine der wesentlichsten und wichtigsten Aufgaben dieser Wissenschaft, die ihr die Anerkennung und den Dank der Zukunft sichert.[5])

Betreten wir ein anderes Gebiet des menschlichen Lebens, das auf den ersten Blick ganz ausser allen Beziehungen zu unserer Wissenschaft zu stehen scheint, jenes der sanitären Verhältnisse des Bodens, unter deren um so strengerer Herrschaft wir stehen, je enger wir beisammen zu wohnen genöthigt sind, so ergibt ein tieferes Eingehen sofort, dass unser körperliches Wohlbefinden, die Gesundheit, in vielfacher, inniger Beziehung zu der Beschaffenheit des Bodens und des Untergrundes steht, auf dem wir wohnen und leben. Es wäre vermessen von mir, mich auf das noch dunkle und schwierige Gebiet der zweifelsohne nicht gesetzlosen Verbreitung von Epidemien und deren Haften an gewissen Stellen der Erdoberfläche zu wagen. Ich darf aber doch als die Ansicht vieler Sachkundiger anführen, dass diess in wesentlichem Zusammenhange steht mit dem Grad der Durchfeuchtung des Bodens, der höheren oder tieferen Lage der durchtränkten Schicht unter der Bodenoberfläche oder deren Zutagetreten, von der Fähigkeit des Bodens, Abfallstoffe des Culturlebens besonders Infektionsmaterial Erkrankter, mögen sie organischer oder unorganischer Natur sein, in sich aufzunehmen und endlich von der Raschheit, mit welcher der Wechsel und die Erneuerung des den Untergrund durchströmenden unterirdischen Wassers in höheren oder tieferen Regionen erfolgt. Eine schlichte Erwägung lässt dies kaum in Frage gestellt erscheinen. Sind wir alle damit einverstanden, dass die Reinheit und Reinlichhaltung unserer Wohnungen eines der wesentlichsten Förderungsmittel des Wohlbehagens und der Erhaltung der Gesundheit in unserem Hause sei, so ist es nur eine einfache Folgerung, die sich daraus von selbst ergibt, dass auch die Reinlichhaltung des grossen und allgemeinen, wenn auch aus anderem Material und in anderen Verhältnissen aufgebauten Wohnhauses, auf dem wir zusammen leben, das ist des Bodens und Untergrundes unserer Städte und Ortschaften, sich als eine unabweisbare Pflicht für die Erhaltung der Gesundheit darstellt. Besteht daher ein solches Abhängigkeitsverhältniss, ich will sagen, auch nur bis zu einem gewissen Grade in Wirklichkeit, — und ich habe viele Gründe, daran nicht zu zweifeln — so ist es ja nicht weiter fraglich, dass wir in diesen Dingen vor Allem wieder die Beihilfe der geognostischen Wissenschaft anzurufen für nothwendig erachten, weil sie uns über die nähere Beschaffenheit des Bodens und über die Bewegungsgesetze der in ihm circulirenden Gewässer allein die gewünschten Aufschlüsse zu geben vermag.

Da es wohl sehr verschiedene Faktoren sind, welche bei der Verbreitung der Epidemien fördernd oder hemmend wirken, so hält es mitunter schwer, gerade den Einfluss der Bodenbeschaffenheit von dem, was sonst mit ins Spiel kommt, herauszuschälen und ins rechte Licht zu stellen. Aber in den meisten Fällen genügt es, einen Blick auf die Verbreitungsgebiete mancher Epidemien und daneben auf eine geognostische Karte zu werfen, um durch die verhüllenden Nebel noch räthselhafter mitwirkender Ursachen, die sich deckenden Grenzen hindurchleuchten zu sehen. Man darf es jedoch offen gestehen, wir befinden uns erst am Anfang dieses Nachweises und es gehört noch ein weiteres Vertiefen der wissenschaftlichen Forschung bis ins Einzelnste und Kleinste dazu, um diesen dunklen Schleier mehr und mehr lüften zu helfen. Jeden Anfang hierzu müssen wir als einen entschiedenen Fortschritt begrüssen. Einen solchen guten Schritt nach vorwärts haben wir zunächst in unserer Stadt zu constatiren, indem hier durch sorgfältig angestellte Bohrversuche die verschiedenen im Untergrunde vorfindlichen Erd- und Gesteinsschichten in allen Theilen des Stadtgebiets ermittelt, und die zum Theil auf diesen Verhältnissen beruhenden, örtlich und zeitlich wechselnden Stände des Grundwassers längere Zeit hindurch genau gemessen wurden. Bereits liegen uns in zahlreichen Profilen und Querrissen die Bodenverhältnisse Münchens in erwünschter Klarheit vor Augen und trügt nicht Alles, so machen sich schon jetzt auf den Karten, auf welchen die Ergebnisse der während eines Jahres fortgesetzten Grundwasserstands-Messungen graphisch verzeichnet sind, in der Richtung der Linien von gleichzeitig gleichhohem Grundwasserstande und in deren Vertheilung über das Stadtgebiet in auffallender Weise einzelne Stellen bemerkbar, über welche auch in sanitärer Richtung ein trüber Schatten schwebt. Möge es durch die Fortsetzung derartiger Untersuchungen gelingen, dem tief verschleierten Geheimniss nach und nach näher zu treten.[6])

Ein freundlicheres und doch nicht minder allgemein wichtiges Arbeitsfeld tritt uns in der Aufgabe entgegen, mit welcher die Geognosie in der neueren Zeit vielfach sich zu beschäftigen Gelegenheit findet, seitdem man mit voller Sicherheit erkannt hat, dass neben gesunder Speise auch ein gesunder Trank zum gedeihlichen Leben gehöre und seitdem die Versorgung der Städte mit gutem Wasser in erster Linie auf die Tagesordnung vorsorglicher Stadtverwaltungen gesetzt ist. Eine der wichtigsten Fragen in Betreff der zweckentsprechendsten Bezugsquelle, ihrer Zulänglichkeit, Nachhaltigkeit und Sicherung vor Beschädigungen ist hierbei ihrer Natur nach von der Art, dass sie zunächst der Geognosie allein zur Beantwortung vorzulegen sein dürfte. Es erscheint uns dies als so selbstverständlich, wie wenn wir in einer fremden Gegend bei einem Einheimischen uns nach dem rechten Weg zu erkundigen für räthlich erachten. Bei alledem ist der Rath, ist der Aufschluss, welchen die Geognosie zu ertheilen im Stande ist, wie eminent praktisch auch der Fall sein möge, doch nur der Ausfluss ihrer rein wissenschaftlichen Thätigkeit, die sie zunächst ganz unbekümmert um etwa nutzenbringende Anwendung als die ihr gestellte eigentliche Aufgabe der Wissenschaft selbst wegen entfaltet, ohne es jedoch unter ihrer Würde zu halten, ihre Arbeiten, wo es sich ergiebt, auch mit der Nutzanwendung zu verbinden, um dadurch gleichsam das materielle Fundament, das wir zu unserer Existenz nöthig haben, fester und sicherer aufbauen zu helfen.

Ich wende mich nun, nachdem ich vielleicht weitläufiger, als es nöthig war, zu zeigen versucht habe, dass es der Bedeutung und Würde des heutigen akademischen Festes nicht widerstrebe, auf dem Gebiete der geognostischen Wissenschaft auch die praktische Seite neben der rein theoretischen zu berühren, zu der eigentlichen

Aufgabe, die ich mir heute gestellt habe und die darin besteht, gleichsam einen Rechenschaftsbericht über die bisherige wissenschaftliche Thätigkeit der geognostischen Durchforschung unseres Landes abzulegen. Ich glaube, dass hiezu gerade jetzt ein geeigneter Zeitpunkt gegeben sein dürfte. Denn es sind eben 25 Jahre verflossen, seitdem diese Arbeit begonnen und mir das Glück zu Theil wurde, in ununterbrochener Thätigkeit von Anfang an der Lösung dieser Aufgabe meine Kräfte, soweit sie gereicht haben, wenigstens mit dem besten Willen widmen zu können. Und hat sich auch dieser Uebertritt in ein zweites Vierteljahrhundert der Arbeit still und geräuschlos, fast unbeachtet, vollzogen, so dürften wir es uns doch selbst schuldig sein, nach einer so langen und mühevollen Wanderung einen Augenblick Halt zu machen, um zurückzublicken und zu überschlagen, ob die geleistete Arbeit dem aufgebotenen Aufwand von Kräften, der Zeit und den benützten Mitteln entspreche oder um aus etwa wahrgenommenen Mängeln und Fehlern zu lernen, diese in der Zukunft zu vermeiden, Besseres an die Stelle zu setzen.

Es war wenige Jahre nach der Errichtung der k. k. geologischen Reichsanstalt in Wien, welche nach dem vortrefflichen Muster der englischen Geological Survey der jedes Hinderniss siegreich bekämpfenden Beharrlichkeit ihres ersten Direktors v. Haidinger endlich zu gründen gelang, als auch in Bayern auf die Anregung eines Mannes, der mit scharfem, hellem Blicke rasch die Bedeutung und die Wichtigkeit einer genauen Kenntniss der geognostischen Beschaffenheit des Landes durchschaute, mit der Lösung einer ähnlichen Aufgabe der Anfang gemacht wurde. Dem damaligen Abgeordneten, späteren Staatsrath Dr. F. W. v. Hermann gebührt das Verdienst, zuerst den Antrag zur geognostischen Untersuchung Bayerns gestellt zu haben, welcher er ein warmes Interesse auch später ununterbrochen bewahrte und die kräftigste Unterstützung zu Theil werden liess. Von der Gründung einer eigenen selbstständigen Anstalt hatte man Abstand nehmen zu dürfen geglaubt und mit der Ausführung der Arbeit die Centralstelle für Montanwesen die kg. General-Bergwerk-

und Salinen-Administration, betraut, welcher durch die Zuziehung wissenschaftlicher Fachgelehrten und durch die daraus gebildete Berathungscommission eine Beihilfe und zugleich ein Correktiv gegen eine etwa zu sehr der praktischen Richtung zugewendeten Art der Ausführung der Untersuchung zur Seite gestellt werden sollte. Ob diese Art der Organisation eine glücklich gewählte war, will ich nicht entscheiden. Ist es doch in der Regel nicht förderlich für ein Unternehmen, bei dem mehr die Begeisterung für die Sache, als der ruhig bemessene Gang des gewöhnlichen Dienstgeschäftes thätig sein muss, wenn Viele beihelfen, aber Keiner recht weiss, wo und wie er seine Kraft am wirksamsten anzuwenden habe.

Es begann die Arbeit im Jahre 1851/52, nachdem die erforderlichen Vorbereitungen getroffen waren, mit der Aufnahme im Felde, um die für die Herstellung geognostischer Karten und Beschreibungen nothwendigen Erhebungen und Beobachtungen in der Natur in möglichster Vollständigkeit zu gewinnen. Zur Ausführung dieser Arbeit der Detailuntersuchung wurden jüngere Beamten und Praktikanten des Montanfachs, sowie Private, die sich mit geognostischen Studien erfolgreich befasst hatten, verwendet und die Bestimmung getroffen, dass unter der Leitung, zu welcher berufen zu werden ich die Ehre hatte, zunächst als das bis dahin am wenigsten bekannte Gebiet des Landes das östliche Grenzgebirge gegen Böhmen im unmittelbaren Anschlusse an das durch die ältere sächsische Aufnahme geognostisch genauer erforschte Fichtelgebirge, der geognostischen Durchforschung unterstellt werde. Unterstützt wurde diese Wahl noch durch den Umstand, dass in jenem östlichen Grenzgebirge am ehesten noch bisher unbekannte und unbenützte Mineralschätze aufzufinden gehofft werden durfte. Da Bayern über ein Kartenmaterial zu verfügen hat, wie es besser und zum Zwecke geognostischer Aufnahmen kaum passender in irgend einem Lande sich vorfindet. nämlich über die Blätter der Steuerkataster-Vermessung,[7]) die einen zureichend grossen Maassstab (1:5000) besitzen, um alle wissenschaftlich und praktisch bemerkenswerthen Einzelheiten darauf unmittelbar zur Darstellung zu bringen, so wurden diese Blätter bei den Aufnahmsarbeiten in den Revieren als Grundlage benützt. Hierin liegt der Schwerpunkt der geognostischen Landesuntersuchung in Bayern, einen Kartenmaassstab (1:5000) für die erste Aufnahme gewählt zu haben, wie er grösser in keinem Lande für umfassendere Gebietsaufnahmen bis jetzt in Anwendung gebracht wurde.[8]) Es konnte durch die geognostische Bearbeitung dieser Steuerkataster-Blätter gleichsam ein geognostisches Kataster hergestellt werden, dessen Brauchbarkeit zu erhöhen besonders dadurch angestrebt wurde, dass zugleich eine umfangsreiche Sammlung von genau den einzelnen Kartenblättern adnummerirten Belegstücken sowohl von Gesteinsarten, als auch von Mineralien, technisch brauchbaren Erzen, Erdarten und von Versteinerung hergestellt wurde.

Langsam ging dabei die Arbeit allerdings von Statten. Auch ist nicht zu läugnen, dass bei der Anwendung von Karten mit so grossem Maassstabe die Uebersicht der einzelnen aufnehmenden Geognosten erschwert wird. Diese wurde jedoch durch den steten Contakt mit dem das ganze Aufnahmsgeschäft beherrschenden Leitgeognosten vermittelt und ersetzt, zugleich auch kartistisch dadurch bewirkt, dass die Ergebnisse der Untersuchung auf die in 10fach kleinerem Maassstab angefertigten topographischen Atlasblätter und auf die Landgerichtsübersichtblätter (1:100 000) übertragen worden sind.

Es ist wohl nicht zweifelhaft, dass in einem möglichst genauen Detail der Hauptwerth guter geognostischer Karten liegt. Denn Karten im grossen Maassstabe orientiren nur im Allgemeinen, wobei es oft auf Kilometer weite Entfernungen ungewiss bleibt, wo dieser oder jener geognostisch interessante Punkt zu finden ist. Diese aber auf wenige Schritte, auf Ackerlänge genau festzustellen und in der Natur an der betreffenden Stelle sicher und leicht auffinden zu können, ist gewiss ein unverkennbarer Vorzug von Karten mit grossem Maassstabe, der praktisch nicht hoch genug angeschlagen werden kann. Unsere geognostischen Grundkarten (1:5000) geben jeden Punkt, wo irgend ein Gestein an der Oberfläche sichtbar ist, mit

allen den Verhältnissen, die in wissenschaftlicher oder technischer
Richtung zu kennen von Wichtigkeit ist, genau an; sie gestatten
fast von jedem Acker den Untergrund mit grosser Wahrscheinlichkeit zu bestimmen. Dazu kommen Profile, Durchschnitte und Risse
in Hohlwegen, Gräben, Wasserrinnen, Steinbrüchen, Bergwerken etc.,
welche das Oberflächenbild gleichsam körperlich machen und die
innere Gebirgsstruktur und die Beschaffenheit des Untergrundes
klarlegen.

Trotz dieser Ameisenarbeit der Detailaufnahme, von der v. Dechen
sagt, dass sie zu den mühevollsten von der Naturwissenschaft ihren
Jüngern auferlegten Dienstleistungen gehört, wurden doch in vier
Jahren (Sommer 1851—54) über 2500 Steuerkataster-Blätter mit
Sorgfalt geognostisch aufgenommen, controlirt, revidirt und in den
Wintermonaten ins Reine ausgearbeitet.

Dieses erste Arbeitsfeld erstreckt sich vom Fichtelgebirge südlich bis über die Donau hinüber, und von dem Münchener Meridian
ostwärts bis zu der böhmisch-österreichischen Grenze. Es umfasst
im Wesentlichen die Urgebirgsdistrikte der Oberpfalz und von Niederbayern, dazu westwärts, wie es eben durch die geraden Linien der
Kartenränder bestimmt ist, Theile der hier dem Urgebirge in meist
schmalen Streifen angelagerten jüngeren Sedimentgesteine in erstaunlicher Mannichfaltigkeit von der Steinkohlenformation, dem
Rothliegenden, Buntsandstein, Keuper, Lias, Dogger, Jura, den cretacischen Schichten bis zu den tertiären und diluvialen Bildungen
herab. ·Haben wir doch in Bayern das besondere, wenn man so
sagen darf, geognostische Glück trotz der relativ beschränkten
Fläche, welche unser Land umfasst, mit den sämmtlichen Formationen gesegnet zu sein, welche, soweit unsere Kenntnisse bis jetzt
reichen, am Aufbau der Erdrinde überhaupt sich betheiligen, ein
gewiss seltener Vorzug!

Vier Jahre andauernde Arbeit im Urgebirge — eine scheinbar lange
Zeit für eine so einfache Gebirgsbildung, für ein, sollte man glauben,
höchst ermüdendes Einerlei von Gneiss, Granit, Glimmerschiefer und

Urthonschiefer (Phyllit)! Und doch gehören die Ergebnisse dieser Arbeit zu den gewinnbringendsten für die Wissenschaft im Allgemeinen und für ihre praktische Anwendung. Denn bis dahin war noch kein grösserer Urgebirgsdistrikt mit gleicher Ausführlichkeit und Gründlichkeit untersucht und seine Gebirgsverhältnisse kartographisch mit gleicher Genauigkeit festgestellt worden. Das Hauptresultat, welches sich hierbei ergab, war, dass die Urgebirgsmassen ebenso streng und reichgegliedert sich darstellen, wie die jüngeren Sedimentschichten und dass bei denselben die analoge strenge Ordnung herrscht, wie wir sie bei den später gebildeten Flötzgebirgen zu finden gewohnt sind. Auf diese Weise konnte zum ersten Mal im ostbayerischen Grenzgebirge mit zureichender Sicherheit jene bestimmte Gliederung in den Urgebirgsgesteinen klar gelegt, und kartistisch festgestellt worden. welche man in Canada durch Logan und Sterry Hunt, in Schottland durch Murchison in analoger Weise gerade damals nachzuweisen versucht hatte. Ist diese Auffassung der Urgebirgsmasse und ihre Gliederung in bestimmte Formationen und Stufen richtig, so bezeichnet die Darstellung und Schilderung des ostbayerischen Grenzgebirgs einen wesentlichen Fortschritt in unserer Wissenschaft, den im Weiteren darzulegen, hier die passende Gelegenheit nicht ist. Es sei nur ganz im Allgemeinen erwähnt, dass hierbei das Verhältniss, in welchem der Gneiss, der Granit und die übrigen Urgebirgsfelsarten zu einander stehen, als ein weit innigeres erkannt wurde, als man es bisher zu betrachten gewohnt war, indem sie sich wie Glieder einer zusammenhängenden Kette darstellen, in welche selbst der unter dem Namen „Pfahl" bekannte mächtig aufragende, von Schwarzenfeld bis zur österreichischen Grenze fast ununterbrochen gradlinig fortstreichende Quarzfels aufs willigste sich einfügt.

Ich muss hier Verzicht leisten auf die vielen neuen Gesichtspunkte näher einzugehen, welche die geognostische Forschung in Bezug auf das Vorkommen und die Verbreitung nutzbarer Mineralstoffe in diesem Gebiete zu eröffnen Gelegenheit fand.

Nur einen Punkt möchte ich noch einmal etwas näher beleuchten, der für viele Bewohner unseres Landes von der grössten Bedeutung sein dürfte. Das ist das schon früher berührte Vorkommen von Steinkohlen[18]) hier am Westrande unseres ostbayerischen Urgebirges.

Es bedarf nicht erst noch einer Zustimmung, dass der Wunsch unserer Industrie durch das Auffinden einer grösseren Menge von Steinkohlen in der Nähe und durch einen wohlfeileren Bezug derselben unterstützt und besser concurrenzfähig gestellt zu sein, vollständig gerechtfertigt ist. Denn die Quantität der bei Stockheim zu Tage geförderten Steinkohle, so wichtig sie für die einzelnen Grubenbesitzer und für die nähere Umgebung sein mag, ist gegenüber dem Bedarf unserer Industrie in weiteren Umkreisen als eine verschwindend kleine zu erachten. Von diesem Vorkommen der Steinkohle von Stockheim glaubte man nun, die weitere Verbreitung der Kohlen-führenden Schichten längs des ganzen westlichen Urgebirgsrandes durch die Oberpfalz bis zur Donau hin ableiten zu können und Spuren, die man bei Erbendorf wirklich auffand, fachten den glimmenden Hoffnungsfunken zur auflodernden Flamme an. Leider ein schnell wieder erlöschendes Flackerfeuer! Die geognostische Untersuchung dieses Gebirgsrandes hatte wohl die grossartige Ausbreitung des der Steinkohlenformation bei ununterbrochenem Aufbau der Gebirgsschichten zunächst angeschlossenen Rothliegenden ergeben, aber für das Vorhandensein der Steinkohlenformation selbst mit Steinkohlenflötzen in gewinnnungswerther Stärke und Ausdehnung, um etwa der Industrie wesentlich unter die Arme greifen zu können, keine auch nur halbwegs aufmunternde Zeichen auffinden können; sie musste vielmehr aus innigster Ueberzeugung von allen weiteren höchst kostspieligen Versuchen, Steinkohlen in grösserer Ausbreitung aufzuschliessen, abrathen. Nach dem damals noch zweifelhaften Erfolge bei Erbendorf, blieb der geognostischen Untersuchung der Vorwurf nicht erspart, dass sie es mit der Erforschung dieser so wichtigen Verhältnisse nicht Ernst genug genommen habe, weil sie der Annahme, dass die Steinkohle in grösserer Verbreitung hier erwartet werden dürfte, nicht zustimmte, während doch mehrere ausländische Sachverständige nach nur flüchtigem Besuche der Gegend sich günstiger und aufmunternd geäussert hatten.

Die Resultate liegen jetzt vor; es sprechen nunmehr die Thatsachen. Alle die kostspieligen Baue und Tiefbohrungen, was hatten sie für einen andern Erfolg, als das zu bestätigen, was die geognostische Untersuchung vorher bereits aus ihren Beobachtungen voraussagen zu können behauptet hatte. Dass trotz der Warnung von dieser Seite umfassende Versuche angestellt worden sind, will hier nicht im mindesten einem Tadel unterstellt werden. Denn bei einem solchen Grad von zuversichtlichen Erwartungen, wie er sich damals zeigte, ist der sichere Beweis, dass diese Hoffnung thatsächlich eine unbegründete sei — ist auch dieses negative Resultat — ein grosser positiver Gewinn. Denn es weist den ruhig Ueberlegenden an, nunmehr auf andere Mittel und Wege zu sinnen, um das zu ersetzen, was die Natur einmal unabänderlich uns versagt hat. Dass aber trotz allen diesen Misserfolgen, die Sehnsucht nach einem Lotteriegewinn noch nicht völlig erstorben ist, und dass man dabei durch die Stärke der Leidenschaft zu ersetzen sucht, was gute Gründe nicht zu beweisen vermögen, das ist im Interesse der Achtung, welche die ernste und wahrheitsliebende Wissenschaft zu beanspruchen berechtigt ist, aufs lebhafteste zu bedauern.

Doch wenden wir uns von dieser Seite, auf welcher die Wissenschaft so oft, wenn sie das Interesse des gewöhnlichen Lebens berührt, als Lohn für ihre wohlgemeinten Rathschläge, nur einen geringen Dank erntet, zu einem freundlicheren Bilde, welches wir dem oben vorgeführten gegenüberstellen können.

Wir greifen einen Augenblick zurück in der Geschichte der Erde bis in jene Zeit, welche man die cretacische oder Kreidezeit nennt, bis in jene Periode, in welcher der bekannte Grünsandstein von Regensburg, das schöne Material für unsere Prachtbauten in München, mit einer Reihe anderer Gesteine in der Oberpfalz Naabaufwärts bis gegen Pegnitz sich ablagerte und sich bis Passau Donau-abwärts ausdehnte. Vergebens sehen wir uns in den benachbarten Alpen, welche von dem eben besprochenen Gebiete jetzt durch kein Zwischengebirge als Scheidewand getrennt sind, vielmehr mit letzterem durch eine wenn auch breite Hochebene im engeren geognostischen Zusammenhange zu stehen scheinen, nach einer gleichen Gesteinsbildung um. Dagegen treten uns im grossen Kessellande von Böhmen und in Sachsen genau dieselben Gebilde, wie an der Naab und bei Regensburg entgegen und folgen wir den Spuren, welche uns ostwärts zu der Verbreitung der cretacischen Schichten in dem sog. Bodenwöhrer Becken bis Roding und weiter gebirgseinwärts führen, so finden wir hier an der tiefen Furth nach Böhmen auch die einstmalige Meeresenge, durch welche das Kreidemeer von Regensburg mit jenem vom inneren Böhmen zusammenhing.[9])

Gegen Süden hin liegt ein ganz gewaltiges Stück Jura- und Kreideland an der Donau abwärts von dem nördlichen Hauptstocke abgebrochen in der Tiefe und ist jetzt unter mächtigem Geröllschutt grossen Theils verdeckt. Reicht dieses aber bis zu dem Alpenrande? Wir haben gesehen, dass diess nicht der Fall ist, dass vielmehr in den Alpen die Schichten, wie sie im Frankenjura und an der Donau vorkommen, durch ganz abweichende Gesteinsbildungen ersetzt werden, als ob beide Gebiete von jeher geschieden gewesen wären. Denn die Natur dieser gleichzeitigen Gebilde in- und ausserhalb der Alpen ist nicht von der Art, dass wir sie nur als etwa in verschiedenen Tiefen oder an verschiedenen Rändern desselben Meeres entstanden uns denken dürfen. Es liegen vielmehr Gründe vor anzunehmen, dass zur Sekundär-Zeit und noch früher ein Urgebirgsrücken [10]) zwischen den Alpen und dem nördlichen Gebirge eingeschoben war, da wo jetzt die bayerische Hochebene in ihrer weiten, fast ebenen Fläche freilich nichts mehr von diesem alten Urgebirgszug erkennen lässt. Denn dieser früher vorhandene, etwa bei Passau oder Vilshofen sich von dem ostbayerischen Urgebirgsstocke abzweigende, quer durch die jetzt als Hochebene ausgebildete Gegend gegen den

Tödi in der Schweiz sich hinziehende Urgebirgsrücken oder zungenartige Vorsprung ist mit dem versenkten Theile der oben erwähnten Jura- und Kreideschollen südlich der Donau gleichfalls tief unter dem überdeckenden Diluvialschutt verstürzt und unseren Augen entzogen; er ist es aber, durch dessen Annahme als Scheidewand zwischen alpinem und ausseralpinem Gebiet allein die durchgreifende Verschiedenheit sich genügend erklären lässt, welche in den geognostischen Verhältnissen beider Gebiete in höchst auffallender Weise sich bemerkbar macht. Es ist diess ein inhaltsreicher Abschnitt in der uralten Geschichte unseres Landes, welcher uns nun mit zwingender Nöthigung von den östlichen Urgebirgsgegenden direkt zu der geognostischen Erforschung der Alpen hin drängt.

Wir treten damit in eine zweite Zeitperiode der geognostischen Untersuchung unseres Landes, welche der genaueren Erforschung des Bayern zukommenden Antheils an dem Alpengebirge gewidmet war.

Um die ganze Schwierigkeit richtig ermessen zu können, welche sich der Ausführung dieser Aufgabe entgegenstellte, müssen wir zunächst an die Zeit erinnern, in welcher diese Arbeit ihren Anfang nahm. Es war der Spätsommer 1854. Zu jener Zeit fehlten in unserem Gebiete fast noch alle brauchbaren Vorarbeiten und trotz der damals schon bekannten grundlegenden Arbeiten eines F. v. Hauer für die österreichischen und eines Escher v. d. Linth für die ostschweizerischen Alpen stellte sich das Hochgebirge doch immer noch als ein schwer entwirrbarer Knäuel durcheinander geworfener, ganz fremdartiger Gebilde unseren durch die ausseralpinen Verhältnisse an ein anderes Sehen gewöhnten Augen dar. Ohne eine orientirende Voruntersuchung, welche die Grundlinien für die spätere Detailaufnahme zu ziehen bestimmt war, schien es unthunlich, in diese schwierige Arbeit einzutreten. Es fiel mir als dem leitenden Geognosten die Lösung dieser Aufgabe zu, der ich in dem Maasse, in welchem Begeisterung etwas zu leisten vermag, im Laufe weniger Sommer gerecht zu werden bestrebt war — Späthherbst 1854, Sommer 1855;

theilweise 1856. 1857 und 1859 z. Th. —. Der ursprünglichen Absicht entsprechend, eine bloss orientirende Untersuchung durchzuführen, wurde die Aufnahme nur in beschränktem Maasse mit Beihilfe der 1/5000theiligen Steuer-Kataster-Blätter, meist mit Zugrundlegung der topographischen Atlasblätter (1 : 50 000) und der Forsteinrichtungskarten (1 : 25 000) durchgeführt Diese Voruntersuchung hatte aber nach und nach ein so reiches Material und unerwartet neue wichtige Ergebnisse geliefert, dass es zweckmässig schien, hievon auch weiteren Kreisen durch eine Veröffentlichung in Karten und Schrift Kenntniss zu geben. Auf diese Weise wurden die Resultate der Alpenuntersuchung ohne die weitere gleiche Detailaufnahme, wie in dem erwähnten ostbayrischen Grenzgebiete vorzunehmen, zu einer ersten Veröffentlichung (1861) bestimmt, welcher rasch die Beschreibung des zuerst aufgenommenen ostbayerischen Gebiets (1863) folgte.

Was lässt sich nun aus der unendlichen Fülle von Beobachtungen und Feststellungen, welche bei dieser anstrengenden und mühevollen Alpendurchforschung sich ergaben, für einen Ueberblick, den wir hier gleichsam als Hauptfundbericht zu geben beabsichtigen, als das Wesentlichste und Wichtigste herausheben? Ich glaube den Hauptgewinn für die Wissenschaft darin suchen zu dürfen, dass es mir vielleicht nicht missslungen ist, genauer und schärfer, als es bis dahin möglich war, die Parallele zwischen alpinen und ausseralpinen gleichzeitigen Bildungen zu ziehen und auf der einen Seite die Analogien, auf der anderen Seite die Differenzen zwischen beiden in Lagerung. Gesteinsbeschaffenheit und organischen Ueberresten festzustellen. Die Zutheilung und Einreihung der Gesteine, welche bei dem Aufbau der sog. Kalkalpen in der nördlichen Nebenkette, soweit sie in unserm bayrischen Gebiete zum Vorschein kommen, in die ausserhalb der Alpen unterscheidbaren Formationen des Buntsandsteins,[11]) des Muschelkalks, der Lias-, Dogger- und Juragebilde [12]) war die schwierigste und wichtigste Aufgabe, während bei den cretacischen Schichten [13]) und den jüngeren Bildungen [14]) bereits orientirende Vergleichspunkte genug in den Nachbargebirgen gegeben waren, um diese Arbeit wesentlich zu erleichtern.

Was aber die Verhältnisse in den Alpen zu ganz besonders eigenartigen stempelt, das ist die enorme Höhe, bis zu welcher hier die Gesteine im Vergleiche zu der viel tieferen Lage jener von gleichem Alter ausserhalb der Alpen emporragen. Ist es nicht im höchsten Grade staunenswerth, dass die im geognostischen Sinne gleichzeitig gebildeten Gesteine am Gipfel etwa der Zugspitz oder des hohen Staufen um reichlich 2500 Meter über die entsprechenden Sandsteinlagen in Franken emporragen? Was ist nun die Ursache dieser auffallend ungleich hohen Lage derselben Bildungen? Es ist ganz im Allgemeinen zu bemerken, dass die Gesteinsschichten in den Alpen nicht oder in nur höchst seltenen Fällen ihre ursprünglich horizontale Lage behalten haben, wie in dem Nachbargebirge jenseits der Donau; sie erscheinen vielmehr in der mannichfaltigsten Weise zusammengebogen, gefaltet, geknickt, zerstückelt, auseinander geschoben, verworfen, ja selbst überstürzt. Diese Schichtenstörung hängt unmittelbar mit der erwähnten abnorm hohen Lage einzelner Schichten in den Alpen zusammen und der Grund dieser Erscheinungen ist der Hauptsache nach ganz der nämliche. Die ursprünglich mehr oder weniger horizontal im Meere abgelagerten Sedimentgesteine liegen nicht mehr auf ihrer uranfänglichen Lagerstätte und in ihrer früheren gegenseitigen Stellung zu einander. Sie sind durch Kräfte, über deren Grösse uns alle menschliche Vorstellung fehlt, trotz ihrer Starrheit und einer Mächtigkeit von vielen tausend Meter zerknickt und zusammengefaltet, als ob es die Blätter eines Buches gewesen wären, die wir durch einen leisen Druck unserer Hand in Falten gepresst hätten.

Welch endloses Feld öffnet sich in dieser Richtung der Alpenforschung, um alle diese Erscheinungen, die wir als Schichtenstörungen zusammenfassen können, auf ein bestimmtes Gesetz zurückzuführen. Denn Gesetze sind es, welche dieses wilde Chaos beherrschen, die Gesetze nämlich, nach welchen die Gleichgewichtsstörungen zwischen den in der Tiefe und gegen das Innere unseres Erdkörpers lagernden Massen und den die äusseren Theile der Erdrinde zusammensetzenden Felsbildungen in Folge von Aenderungen in ihrem materiellen Zustande oder in ihren Temperaturverhältnissen sich wieder auszugleichen bestrebten und nach welchen die durch Umsetzen der sekulär wirkenden Kräfte in instantane Bewegungserscheinungen hervortretende gewaltige Erdrevolutionen die aus ihrer früheren Ruhelage gebrachten Fels- und Bergmassen zu einer neuen Gleichgewichtslage zurückführten. So entsteht ein momentaner Abschluss früherer gewaltiger Veränderungen an der Erdoberfläche, aber nur als Ausgangspunkt für neue Vorgänge, welche nachfolgen, einem zeitweiligen Frieden vergleichbar, welcher das durch Kriege gestörte Gleichgewicht der Interessen verschiedener Völker wieder herzustellen sucht und die geknickten und gebrochenen staatlichen Verhältnisse über den Trümmern vielen zerstörten Menschenglückes auf neuer Grundlage wieder zu regeln und zu ordnen strebt. Unser Alpengebirge ist der Schauplatz solcher gewaltigen Titanenkämpfe in hundertfacher Wiederholung gewesen und wir können seinen jetzigen Bau nur verstehen, wenn wir die Geschichte dieser Erdrevolutionen an der Hand der beobachteten Schichtenstellungen, der Aufeinanderfolge mannichfacher Gesteinslagen, ihr gleiches und ungleiches Verhalten innerhalb bestimmter Grenzen ihrer Ausbildung bei gleichem Alter der Entstehung (Faciesbildung) und der successiven Generationen von Organismen, deren Ueberreste als Versteinerungen in den Felsmassen eingeschlossen sich finden und an deren Art wir die Jahreszahlen, die Barometer- und Thermometerstände der Urzeit ablesen, verfolgen und richtig deuten lernen. Mit wie geringen menschlichen Kräften stehen wir aber diesen so grossartigen Erscheinungen gegenüber! Und doch wagt es der forschende Geist, hinein zu dringen und die enormen Faltungen der Alpengesteine von einem Seitendruck abzuleiten, durch welchen die Flanken des Gebirgs von der Tiefe her verschoben und theilweise überstürzt wurden. Neuere Forschungen leiten die ganze Gebirgsbildung der Alpen einfach von inneren Spannungen in Folge sekulärer Abkühlung der Erde her, welche sich an den äusseren Krustentheilen durch enorme Faltungen wirksam zeigten.

Doch ist es hier unthunlich, auf Einzelnes näher einzugehen. Manches ist klar gelegt, Mehreres noch klar zu legen. Zu diesen für unsere Vorstellung dunkelsten Punkten gehört der tiefe Untergrund der weit ausgedehnten mit dem Ausgrabungsmaterial der Thäler unserer Alpen und mit dem Gletscherschutt der Eiszeit eingeebneten Hochfläche vor den Alpen. [1b]) Denn das Fundament der Tertiärschichten, welche das tiefste zu Tag sichtbare Gebilde dieses Schuttlandes ausmachen, ist unserer direkten Beobachtung völlig entzogen. Doch drängt uns der plötzliche Steilabbruch der jurassischen Gesteine längs des Donaulaufs mit zwingender Nothwendigkeit zur Annahme hin, dass diese jurassischen und cretacischen Schichten hier weiter nach Süden fortsetzen müssen, wenn auch zusammengebrochen und versenkt in den tiefen Untergrund der jetzt mit Geröllschutt übergossenen Hochebene. Ich habe schon früher auf die Wahrscheinlichkeit des Vorhandenseins eines Urgebirgsrückens*) hingewiesen, welcher vom bayerischen Walde gegen den Centralstock der Alpen und gegen den Schwarzwald hin quer durch die Hochebene als Scheidewand zwischen alpiner und ausseralpiner Schichtenausbildung gedacht werden muss. Es genügt hier daran zu erinnern, um wenigstens anzudeuten, was in diesem tiefsten Untergrunde als Fundamentgestein vermuthet werden darf.

Wir treten nun nördlich von der Donau in das Gegengebirge der Kalkalpen, in den Frankenjura und in das fränkische Triasgebiet ein, welche, wenn wir die Fortsetzung dieser Gebilde in Schwaben zugleich mit ins Auge fassen, von älteren Gebirgsketten, dem Centralstock der Alpen entsprechenden Rändern, nämlich im

---

*) Vergl. Anhang Anmerkung 10.

Osten vom bayerischen Walde und dem Fichtelgebirge, gegen Norden vom Thüringer Walde, im Westen vom Spessart, Oden- und Schwarzwalde eingerahmt sind.

In ihrer Lagerung wenig gestört, wenn auch im Grossen aus der ursprünglichen Stellung mehrfach durch wechselnde Senkungen und Hebungen verschoben, breiten sich hier die mit dem Alpengestein gleichalterigen Gebilde, wie im Hochgebirge, aber in ganz anderer Gesteinsbeschaffenheit zum Theil mit ganz anderen organischen Einschlüssen, in mächtigen Lagen aus, welche in gegen das Innere des Beckens sich stufenweis verjüngenden Sedimenten aufeinanderfolgen. Obwohl in der gegenwärtigen Oberflächengestaltung von Schwaben, Franken und einem Theile der Oberpfalz dieser uranfängliche Terrassenbau fast vollständig verwischt ist und die jüngsten Ablagerungen meist die höchste Lage einnehmen, so stossen wir doch da oder dort noch auf Spuren des erhaltenen alten Reliefs. Das Triasgebirge namentlich das Keupergebiet war nämlich hier ursprünglich das an dem Beckenrande höher aufragende. Erst durch die Auswaschungen und Zerstörungen der Jahrtausende hat sich dieses ältere Gebirge erniedrigt, während der benachbarte Jurakalk, als widerstandsfähiger sich als festes Felsgerippe besser erhielt und jetzt eine hoch über den Keuper aufragende Stellung einnimmt. Doch sehen wir trotzdem die Altmühl aus den jetzt niederen Keuperhügeln, wo sie entspringt, in das viel höhere Juragebiet hinein und durch dasselbe hindurchfliessen bis zur Donau dem tiefgebliebenen Theil des alten Beckens zum Zeichen, dass sie einst von dem höheren Keupergebirge durch das damals tiefere Juragebiet ihren Thalweg sich gesucht und gefunden hatte, ehe die Zerstörung aus jenem Sandsteingebirge ein vertieftes flaches Hügelland geschaffen hatte. Zugleich weist dieser Abfluss nach Osten darauf hin, dass hier am Westrande des ostbayerischen Urgebirges die tiefste Senkung der Bucht gesucht werden muss, wie es auch die Natur des Jurakalkes bestätigt, der grossen Theils einer Tiefseeablagerung angehört und wie es die auf die östlichen Gebietstheile beschränkte Verbreitung der cretacischen Ablagerung bei Regensburg und im Naabthalgebiete gleichfalls erkennen lässt.

Zunächst nach der geognostischen Durchforschung der Alpen wurde die Untersuchungsarbeit der Fortsetzung des ostbayerischen Urgebirgs nach Norden, dem Fichtelgebirge, zugewendet. Nicht mit Unrecht gilt dieser Gebirgsstock als ein Knotenpunkt der Gebirgsverschlingung im innersten Theil Europas. Zwei mächtige Gebirgssysteme sind es, welche sich hier begegnen und durchkreuzen. Darin liegt das wesentlich Eigenartige dieses zwar nicht umfangreichen, aber, wie kaum ein zweites, mannichfaltigen Berglandes. Im Centralstocke tauchen alle Glieder der ältesten Fundamental-Formationen, wie im ostbayerischen Gebirge, wieder auf und an diese schliessen sich nun die sämmtlichen Stufen der paläolithischen Periode von der ältesten Reihe, der cambrischen Schichten aufwärts, durch die Silur-, Devon-, Culm-, Carbonbildungen und dem Rothliegenden mit dem Zechstein bis zum Buntsandstein in schmalen Falten auf engen Raum zusammengebogen und nahe aneinander gepresst in ermüdenden Wiederholungen an. Man ist oft nicht sicher, auf wenige 100 Schritte drei oder vier dieser Formationen zu überschreiten. Dieser ständige Wechsel macht die geognostische Aufnahme eines solchen Gebirgs zu einer der schwierigsten geognostischen Arbeiten.

Dazu kommt, dass streckenweis auf der einen Seite sich sehr wenige constante Unterschiede in der Gesteinsbeschaffenheit der verschiedenen Schichtensysteme bemerkbar machen, während auf der anderen Seite wieder dieselben Schichten oft auf ganz geringe Entfernungen mit sehr wechselndem lithologischen Charakter auftreten. Auch sind die organischen Einschlüsse äusserst spärlich und noch dazu oft eigenthümlich geartet, so dass eine genaue Vergleichung mit Versteinerungen anderer Gegenden sehr erschwert ist. Ausserdem fehlt es in Folge der zahllosen Durchbrüche von Eruptivmassen auch nicht an Seitenstauchungen und Verwerfungen der Schichten, welche den an sich schon so complicirten

Schichtenbau bis zum Uebermaasse verwirren. Gegenüber diesen verwickelten geotectonischen Verhältnissen eines auch nach Gliederung und Formationseinreihung fast noch unbekannten Gebirgs konnte die geognostische Aufnahme hier nur langsam durchgeführt werden — (die Detailuntersuchung 1860—1864), die Revision und Correcturen zeitweise (1869—1874). In keinem Aufnahmsgebiete waren bei der kartistischen Darstellung grössere Schwierigkeiten zu überwinden, wie ein Blick auf die beiden dieses Gebirge umfassenden Kartenblätter, die bereits zur Publikation bereit liegen, wohl leicht erkennen lässt.

Sollen wir das Bemerkenswertheste von dem hervorheben, was als allgemeiner interessant bei diesen mühevollen Untersuchungen zu Tage gefördert wurde, so dürfte dieses in dem Nachweise gefunden werden, dass die Entwicklung der Schichtenreihe von dem krystallinischen Schiefer an in ununterbrochener Continuität sich bis zu der präcarbonischen Culmbildung verfolgen lässt, womit zugleich der Beweis erbracht ist, dass alle diese Schichtgesteine vom Gneiss durch den Glimmerschiefer und Phyllit bis zu den versteinerungsreichen paläolithischen Sedimenten unter analogen Verhältnissen nur mit nach und nach sich verschwächender Tendenz zur krystallinischen Ausbildung entstanden sind. Im grellen Gegensatze hierzu steht der plötzliche Abbruch dieser Entwicklung im Anfange der Steinkohlenzeit. Nirgendwo finden wir nämlich im Innern des Gebirgs Ablagerungen vom Alter der produktiven Steinkohlenformation. Wo diese vorkommen, liegen sie getrennt, ohne inneren Zusammenhang mit den ihnen im Alter zunächst vorangehenden Schichten aussen am Rande des älteren Gebirgs wie z. B. bei Stockheim und Erbendorf genau so, wie die übrigen, weit jüngeren, nur angelehnten Schichtensysteme der mesolithischen Periode. Dieses Verhalten ist sehr bemerkenswerth. Es bestätigt nämlich die schon früher besprochene Vermuthung, dass wir in diesem Gebiete leider kein grösseres normales Kohlenfeld zu erwarten haben. Denn wäre es vorhanden, so läge es, wie in Böhmen, im Innern unseres Gebirgs und nicht bloss als Fragment am äussersten Rande angelehnt. Wir dürfen von diesem „Herz von Deutschland", wie die Alten das Fichtelgebirge bezeichneten, weil es nach vier Weltgegenden Flüsse entsendet, nicht scheiden, ohne wenigstens mit ein Paar Worten seines Erzreichthums, einer Erbschaft des benachbarten Erzgebirges, zu gedenken. Von Alters her galt unser Gebirge als eine an edlen Erzen reich gesegnete Schatzkammer, und überschwänglich ist in dieser Richtung die Verherrlichung,[16]) welche ihm die früheren Topographen spenden. Rühmt ja Brusch von ihm: „sodoch kaum ein Gebürg in Teutschland, ja schier in gantz Europa ist, das Lob- und Preisswürdiger wäre." Soviel ist indess richtig, dass sehr mannichfaltige Erze sich hier auf kleinstem Raume vereinigt finden: Gold bei Goldkronach, Silber bei Wallenfels, Zinn bei Weissenstadt, Wunsiedel und Berg, Kupfer bei Kupferberg, Steben, Naila, Geroldsgrün und an zahlreichen anderen Orten, Blei bei Wallenfels und in der Remschlitz, Vitriolerze bei Wiersberg, und endlich Eisenerze an gradezu unzähligen Orten, am reichlichsten neben dem langen Doppelzuge von körnigem Kalke bei Wunsiedel bis Hohenberg und von Pullenreuth über Waltershof und Redwitz bis Arzberg. Der Bergbau im Fichtelgebirge gehört gewiss zu dem ältesten in Deutschland, und es ist nicht unmöglich, wie die alten Chronisten angeben, dass Fichtelberger Bergleute den Bergbau am Harze beginnen halfen.[17]) Aber fast alle diese edlen Erzadern haben in neuerer Zeit zu fliessen aufgehört, jene im Arzberger Reviere und wenige andere ausgenommen. Der verringerte Werth der Produkte, die Erhöhungen der Löhnungen, die Vermehrung der Kosten bei der Gewinnung aus immer grösserer Tiefe in Verbindung mit dem ohnehin durchschnittlich nicht sehr reichen Gehalte der meisten Lagerstätten haben zusammengewirkt, nach und nach ein Erlöschen des Fichtelberger Bergbaus einzuleiten. Wird er noch einmal neu aufblühen? Ich wage es kaum zu hoffen.

Wie es die Eintheilung des ganzen Gebiets in aneinanderschliessende Kartenblätter mit geradlinig verlaufenden Rändern nothwendig macht, fällt ein beträchtliches Gebiet des vierten grösseren Untersuchungs-Complexes, nämlich des Frankenjura und Frankentrias z. Th. auf die Kartenabtheilung des ostbayrischen Grenzgebirgs und z. Th. auf jene des Fichtelgebirgs. Der übrigbleibende Theil umfasst weitere 5 Kartenblätter bis zur westlichen Landesgrenze und der südlichen Parallele von Augsburg. Die geognostische Kartirung dieses Gebiets mit ungefähr 2800 Steuer-Kataster-Blättern wurde in den Jahren 1865—1876 vollendet, während gleichzeitig die Ausarbeitungen für die Publikationen im unterbrochenen Gange blieben.

In diesen fränkischen Gebieten ist es besonders die reiche Gliederung der oberen jurassischen Schichten, welche durch die eigenthümliche, fast bloss auf diesen Theil der ganzen Juraausbreitung beschränkte Entwicklung der lithographischen Schiefer und Plattenkalke von Solenhofen mit ihrer Fülle wundervoller organischer Einschlüsse und durch das mächtige Auftreten der durch ihre pittoresken Felsformen so berühmten Frankendolomite, die Aufmerksamkeit besonders auf sich ziehen. Im Gegensatze zu den Schwamm-reichen Tiefseeablagerungen der älteren Juraschichten sehen wir die Plattenkalke von Solenhofen in kleinen beckenförmigen, oder buchtenartigen Eintiefungen des Jurameeres zwischen zahlreichen Festlandszungen abgelagert, da wo ein ruhigstilles Wasser den mannichfaltigsten Thieren des Meeres und die benachbarten Festlandsränder Insekten, besonders den Libellen und den Flugeidechsen, deren zahlreiche Reste wir in dem Plattenkalke in oft prächtiger Erhaltung begraben finden, einen Lieblingsaufenthalt boten. An die nationalökonomische Bedeutung dieser Gesteinsschichten, welche den sonst nirgendwo auf der ganzen Erde in gleicher Güte vorkommenden lithographischen Stein, das ausschliessliche Material zur Herstellung von Lithographien für die sämmtlichen Culturländer, und die Platten zu den verschiedensten Bauzwecken mit einem bis in den Orient reichenden Absatzfelde liefern, will ich hier nur im Vorübergehen erinnern. So concentrirt sich auf diese Kalkbildung das höchste zugleich wissenschaftliche, wie technisch-praktische Interesse und die Gewinnung dieses kostbaren Materiales liefert ebenso der Wissenschaft werthvolle Schätze, wie auch dem Erwerb eine reiche Nahrungsquelle.

Was dann den Frankendolomit, den Stellvertreter des schwäbischen plumpen Felsenkalkes, anbelangt, den man sich früher als durch einen Akt der Metamorphose entstanden dachte, so hat die geognostische Aufnahme an zahlreichen Stellen die unzweideutige und scharfbegrenzte Auflagerung des Dolomits auf normalem Kalke und die gleiche Ueberdeckung desselben von Kalkschichten, in einzelnen Fällen sogar eine Wechsellagerung von Kalk und Dolomit oder einen linsenförmigen Einschluss des letzteren im ersteren nachgewiesen, wodurch für den Frankendolomit eine ursprüngliche sedimentäre Entstehung, wie die der meisten Kalksteine, sicher gestellt erscheint.

Eine andere geognostisch wichtige Thatsache knüpft sich an die Untersuchung des Frankenjura. Es wurde hier in der Umgegend von Streitberg wohl zuerst sozusagen handgreiflich der Nachweis geliefert, dass die sowohl nach Gesteinsbeschaffenheit, wie nach den organischen Einschlüssen anscheinend nicht zu ein und derselben Schichtenstufe gehörigen Ablagerungen nichts anderes darstellen, als eine durch örtlich abweichende Entstehungsbedingungen modificirte Ausbildungsweise gleichzeitig entstandener Sedimente — sog. Faciesbildungen —. Es lässt sich an einer Stelle bei Streitberg der direkte Uebergang einer klotzigen mergeligen Schwamm-reichen Lage in einen wohlgeschichteten, dünnbankigen, kalkigen, Ammonitenführenden Schichtencomplex sogar mit einem Blick übersehen. An diese örtlich abweichende und besondere Ausbildungsweise mancher Schichten knüpft sich auch die merkwürdige Thatsache der beschränkten Verbreitung und veränderten Ausbildung gewisser Arten von Versteinerungen, die z. B. in Schwaben ungemein häufig sich finden, dagegen nur bis zu einem engbegrenzten kleinen Theil von Franken fortsetzen, um endlich hier ganz zu erlöschen. Es genügt wohl, einzelne Fälle hier hervorzuheben. So findet sich die in Schwaben sehr häufige *Terebratula impressa* nordwärts nur etwa bis in die Gegend von Weissenburg, und die im Süden so stattliche *Trigonia navis* hat gleichfalls hier ihre Verbreitungsgrenze, während die in Schwaben massenhaft auftretende *Gryphaea arcuata* in Franken weit seltener sich findet und in kleinen sichtbar verkümmerten Exemplaren nur etwa bis Lichtenfels verbreitet ist. Aehnliche Verhältnisse lassen sich bei den *Ammoniten* aus der Gruppe der *Arieten* und bei vielen anderen Formen nachweisen. Dagegen treten hier an die Stelle der verschwundenen Formen vielfach andere Arten ein, die dann mit dem Rest der sonst weiter verbreiteten Formen die lokale Eigenthümlichkeit der jurassischen Fauna ausmachen. Zu ähnlichen vergleichend paläontologischen Forschungen bietet Franken ein ausnehmend günstiges Feld dar, indem sich mehrere Arten von Versteinerungen in erstaunlicher Menge vorfinden, wie beispielsweise die verwandten *Ammoniten margaritatus* und *spinatus*.

Mit der Ablagerung der jurassischen Schichten war aber unser fränkisches Gebiet noch nicht zum völligen Abschluss seiner geologischen Entwicklung gelangt. Es wurden bereits die von Regensburg nordwärts der ursprünglich tiefsten Einbuchtung längs des Urgebirgsrandes folgenden procänen oder cretacischen Ablagerungen erwähnt und zugleich war auch auf ihre merkwürdige Verbindung mit der böhmisch-sächsischen Provinz, quer durch die Urgebirgskette, hingedeutet worden. Zwei Erscheinungen sind es, die unsere Aufmerksamkeit weiter auf diese nachjurassischen Bildungen lenken. Während man nämlich im Frankenjura ein ausschliesslich kalkiges Gebirge vorauszusetzen sich für berechtigt halten könnte, stösst man oben auf der meist weit verebneten Platte der steilrandigen Berghöhen an der einen Stelle auf ausgedehnte, sonst den Kalkgebieten ganz fremdartige Sandsteinstreifen — ich nenne nur den Veldensteiner Forst, die Gegenden von Hollfeld, Auerbach u. s. w. — an anderen Orten auf zähen, braunen Lehm, als Grundlage oft ausgezeichnete n Ackerlandes oder als Umhüllungsmasse von Bohnerzkügelchen. Was die sandigen Ablagerungen anbelangt, so führen uns unzweideutige Spuren zu jenen quarzigen Ausfüllungsgebilden der Klüfte im Kalke hin, die als die ersten Absätze des in das Jurakalkgebiet vordringenden Kreidemeers betrachtet werden müssen (Kluftausfüllung der Cenomanstufe). Die über die flachen Gestade fluthenden Gewässer spülten damals sandiges Material in mächtigen Lagen vor sich her, während durch tiefe Zerklüftungen des Untergrunds aufsteigende Mineralquellen auf Spalten und in kesselförmigen Vertiefungen reiche Eisenerze von vorzüglicher Güte stellenweis in enormer Mächtigkeit zum Absatz brachten. Welch' ein Segen ruhte Jahrhunderte hindurch auf diesem Geschenk der Natur, mit welchem in nachhaltigen Vorrathskammern von Eisenerz,[19]) das vordem zugleich mit einer Ueberfülle von Wald beglückte oberpfälzische Bergland bevorzugt war! Es entstanden zahlreiche Eisenhütten, welche diesen Erz- und Holzreichthum zur Darstellung eines wegen seiner Güte weitberühmten Eisens benützten und Verkehr, Handel, Leben und Kultur mit sich in das sonst abgeschlossene und in sich versunkene Bergland herein zogen. Jetzt ist diess leider anders geworden und wir erblicken an der Stelle der meisten einst so munter hämmernden Eisenwerke mit ihren stattlichen Herrenhäuern Glasschleifen oder andere Wasserwerke von oft kränkelndem Aussehen. Waldtheilung und unwirthschaftliche Entwaldung reichten sich die Hand, um im Bunde mit der von Aussen mehr und mehr andringenden und im Kleinbetrieb kaum noch erfolgreich zu bekämpfenden Concurrenz die Eisenindustrie, wie sie zerstreut durch das ganze Gebiet im Kleinen thätig war, hier fast ganz zu Grabe zu tragen, zugleich aber auch das Klima zu verschlechtern, die Quellen versiegen zu lassen und die für die Berggehänge so nothwendige Bewässerung auf eine besorgnisserregende Weise einzuschränken. Und noch stehen wir hier nicht am Ende dieser fortschreitenden Verschlechterung des Klimas, des Bodens und seiner Ertragsfähigkeit.

Kehren wir zur fränkischen Alb und ihren oberflächlichen, lehmartigen Ueberdeckungsgebilden zurück, welche mit vielfachen Süsswasserkalkablagerungen verflochten sind, so ergibt sich aus der Art ihrer Verbreitung, dass zur Tertiärzeit zahlreiche Seen, welche nach Süden hin mit dem vorliegenden grossen Wasserbecken der Donauthalung nur geringen Zusammenhang besassen, vielmehr, fast ganz isolirte, kleine Mulden ausfüllten, seltener über grössere Eintiefungen sich ausdehnten, wie ausnahmsweise der Altmühlsee oberhalb der jetzigen Thalenge bei Diethfurth und an den Fossa Carolina, der gleichzeitig mit dem Riessee aufgestaut war. Damit stehen auch die zahlreichen Braunkohlenablagerungen im innigsten Zusammenhange, die durch das Naabthal aufwärts in verschiedenen Stufen sich wiederholen und in der obersten Terrasse am Fusse des Fichtelgebirgs mit dem Eger'schen Tertiärbecken in unmittelbare Berührung treten. Fast nicht weniger war auch die Diluvialzeit gestaltend und umgestaltend, hier anschüttend, dort abnagend in unserem Gebiete nördlich der Donau thätig, obwohl es in diesem Strich an eigentlich erratischen Erscheinungen (Glescherschutt, erratischen Blöcken, Glescherschliffen, Moränen), soweit die bisherigen Beobachtungen reichen, ebenso wie im bayerischen Walde, völlig fehlt. Nur eine Erscheinung ist es, welche neben der grossartigen Verbreitung des Lösses im Norden der Donau als eine bisher kaum geahnte enge Verbindung des Südens mit dem Norden auch in dieser mittleren Gegend Deutschlands gedeutet werden dürfte. Es ist nämlich nach der geognostischen Untersuchung des Schuttergebiets nun nicht länger mehr zweifelhaft, dass die Donau noch während der Diluvialzeit von ihrem jetzigen Laufe oberhalb der Felsenenge von Steppberg in das Schutterthal abbog und wahrscheinlich selbst ins Altmühlthal überfloss, um erst weiter ostwärts wieder in ihr jetziges Rinnsal einzulenken. Verfolgt man nämlich die angedeuteten alten Flussrichtungen weiter, so stossen wir merkwürdiger Weise bei Weissenburg und Ellingen auf mächtige Ablagerungen alten Flussgerölls von alpiner Abstammung, das seinen Weg vom südlichen Donaugebiete nur entweder durch die Wörnitz-Ries-Einbuchtung oder durch die Schutter- und Altmühl-Thalung nach Norden ins Maingebiet gefunden haben kann. Zahlreiche

Lössablagerungen hoch über dem Niveau des jetzigen Wasserlaufs im Maingebiete würden wohl vortrefflich zu der Annahme einer Strömung aus dem Alpengebiet nach dem Norden hin passen.

So gewinnen wir mit der fortschreitenden Untersuchung der geognostischen Verhältnisse unseres Landes ein immer vollständigeres Bild von der Urgeschichte dieses kleinen, aber wichtigen Flecks deutscher Erde und immer ist es das Einzelne und Eingehendere in der Specialforschung, durch welche die in ihren grossen Umrissen kaum erkennbaren allgemeinen Linien und Bilder erst mit Schärfe und Klarheit hervortreten und in ihrer wahren Bedeutung für die Wissenschaft und das Leben sich deutlich bemerkbar machen. In diesem Eingehen der Forschung ins Kleine und Einzelne liegt daher der wahre Werth derartiger Untersuchungen, die selbst bis zur microscopischen Betrachtung sich vertiefen, um aus den kleinsten Bausteinen den Plan des grossen Ganzen zu erkennen.

Auf diese Weise ist die geognostische Erforschung bereits über das Juragebiet bis tief in den fränkischen Keuper mit seiner schwierigen, aber reichen Gliederung nahe zum Mainthalrande in Unterfranken vorgeschritten und auch jenseits nördlich vom Main ist derselben durch eine frühere (1855) mehr cursorische Untersuchung im Rhöngebiete, welche zum Zwecke der Ermittelung von Hilfsquellen aus dem Mineralreiche für die dürftige Rhönbevölkerung durch entsprechende Benützung von etwa vorfindlichen Erzen, Kohlen oder sonstigen unterirdischen Rohstoffen angeordnet worden war, in beträchtlichem Umfange vorgearbeitet.[20])

Noch sind weiter die Pfalz und ein schmaler Streifen in der südbayrischen Hochebene im Rückstande. Wir verdanken es dem lebendigen Interesse, welches seit frühester Zeit durch die reichen Ablagerungen von Steinkohlen und Mineralien mancherlei Art, besonders von Quecksilbererzen in einem grossen Theile des pfälzischen Gebiets, bei einer Anzahl hervorragender Geognosten geweckt wurde — einem

Collin, Ferber, Suckow, Beroldinger, Link, v. Leonhard, Steininger, Voltz, Merian, Nöggerath, v. Oyenhausen, Euler, Günther, Burkart, v. Dechen u. A. — und einer fast rings um seine Grenze bereits vollzogenen geognostischen Kartirung der Nachbarländer, dass dieser Theil Bayerns bereits zu den geognostisch schon gut bekannten Gegenden gerechnet werden darf.

So ist zu hoffen, wenn nicht alle Voraussicht trügt, dass binnen weniger Jahre das ganze Land geognostisch durchforscht sein wird und dass die Ergebnisse zum allgemeinen Nutzen Allen, die Interesse daran nehmen, durch Karten und Schriften zugänglich gemacht werden können.

Am Schlusse dieser freilich nur flüchtigen und lückenhaften Skizze, welche ich über den bisherigen Gang der geognostischen Untersuchung Bayerns und doren Resultate hier zu entwerfen versucht habe, kommen wir zur Frage zurück, deren Berechtigung in vollstem Maasse anerkannt werden muss, ob die bisherige Leistung einer 25jährigen umfangsreichen und anstrengenden Arbeit eine auch nur einiger Maassen befriedigende genannt werden dürfe. Diess zu entscheiden muss ich zur Beurtheilung Sachkundigen überlassen. Niemand aber kann es tiefer als ich selbst empfinden, wie Vieles noch fehlt, wie Vieles jetzt noch mangelhaft, wie Manches noch in Zukunft besser zu machen sein wird. Aber das ist ja das Menschliche und zugleich auch Tröstliche in unserem Wirken, dessen Schwäche wir bescheiden zugestehen, ohne dabei jedoch den Muth zu verlieren in unseren Versuchen und Bestrebungen, trotz unserer geringen Kräfte und lückenhaften Leistungen fortzuarbeiten und das Gewonnene zeitweilig zu einem gewissen Abschlusse zu bringen, dass die ewig sich verjüngende Wissenschaft unaufhaltsam über die Leistungen des Einzelnen hinweg zu immer höheren Zielen fortschreitet.

Und das ist der beruhigende Gedanke für die Forschung des Einzelnen, welche ein, wenn auch winziges, so doch wesentliches

Glied in der Kette der fortschreitenden Entwicklung der Wissenschaft ausmacht — der sich auch mit unserer Arbeit verbindet —, dass der Rückblick in die ferne und fernste Vergangenheit, in jene unendliche Reihe von Erscheinungen, die sich in der Vorgeschichte eines kleinsten Theiles der Erde abspiegelt und der Vorblick in die Zukunft, wie in der Gesammtentwicklung der Natur, auch hier zu der freudigen Hoffnung eines stetigen Fortschrittes zu immer Schönerem und Besserem berechtigen.

Anmerkungen.

1) Geognostische Untersuchungen in verschiedenen Ländern.
(Anmerkung 1 zu S. 4).

In England, welches schon seit dem Jahre 1799 sich im Besitze einer zuerst vom W. Smith ausgearbeiteten, später (1819) durch Greenough*) vervollständigten und verbesserten geologischen Uebersichtskarte befindet, machte sich sehr bald das Bedürfniss geltend, genaue, allen wissenschaftlichen und praktischen Anforderungen genügende Detailkarten herzustellen. Zu diesem Zwecke wurde 1835 ein besonderes Staatsinstitut „Geological Survey of the united Kingdom" mit Zweiganstalten für Irland und Schottland gegründet und mit demselben drei weitere Institute, nämlich: the Museum of Practical Geology, Government School of Mines und Mining Record office verbunden. Nach und nach traten auch in den aussereuropäischen brittischen Ländern ähnliche Zweiganstalten ins Leben, (brittisch Indien, Canada, Viktorialand, Queensland, Neuseeland u. s. w.), deren Thätigkeit von besonderen Direktoren unter der Oberaufsicht des Generaldirektors für England, (zuerst De la Beche, später Murchison, jetzt Ramsay; Direktor für Irland jetzt z. Z. E. Hull, für Schottland Prof. A. Geikie) geleitet wird. Oesterreich folgte 1849 diesem Beispiele durch die Gründung der k. k. geologischen Reichsanstalt unter v. Haidinger's, jetzt v. Hauer's Leitung; ihr gesellte sich erst später (1869) eine besondere k. ungarische geologische Landesanstalt bei. In Preussen dagegen waren bis vor Kurzem mit der geologischen Untersuchung und der Herstellung geologischer Karten verschiedener Landestheile einzelne hervorragende Sachverständige (v. Dechen, v. Carnall,

---

*) Nach einer besonderen Stiftung Greenough's soll diese Karte dem Fortschritte der Wissenschaft entsprechend alle 10 Jahre in verbesserter und vervollkommneter Form neu aufgelegt werden.

Rose, Beyrich, Roth, Roemer, Ewald u. A.) vom Handelsministerium beauftragt und erst in neuerer Zeit (1869) wurde eine eigentliche Centralstelle „die geologische Landesanstalt" für Preussen und die thüringischen Staaten errichtet, welche ihre Thätigkeit bereits in grossartigem Maasstabe zu entwickeln begonnen hat.

Das bergwerksreiche Sachsen gehört zu den ersten der Länder, in welchem schon in frühester Zeit — die ersten Anfänge reichen bis ins Jahr 1788 und 1798 — von der obersten Bergbehörde, dem Oberbergamt zu Freiberg, aus öffentlichen Mitteln für die Herstellung einer grossen geognostischen Landeskarte Vorsorge getroffen wurde. Aus diesen Vorarbeiten stellten schliesslich Naumann und v. Cotta mit Benützung ihrer eigenen Untersuchungen die zur Publikation gelangten geognostischen Karten mit erläuterndem Texte zusammen (1836—1846) Desshalb war das Bedürfniss nach weitern detaillirten Karten hier weniger fühlbar. Doch besitzt seit 1870 auch Sachsen eine besondere geologische Landesanstalt unter Herm. Credner's Direktion in Leipzig.

In Bayern erhielt (1851—1852) die k. General-Administration für Berg-, Hütten- und Salinenwesen den Auftrag, durch besondere Hilfsarbeiter die geognostische Detailaufnahme des Landes vornehmen zu lassen. Diese Aufgabe ging dann später (1869) auf das geognostische Bureau bei dem k. Oberbergamte über.

Für Württemberg besorgt eine Commission von Sachverständigen im Auftrage der Regierung die geologische Landeskartirung unter Beihilfe des statistischen Bureaus in ähnlicher Weise, wie es auch in Baden geschieht. Im mittelrheinischen Gebiete (Hessen, Nassau u. s. w.) hat schon sehr frühzeitig (1851) ein Privatverein sich die lobenswerthe Aufgabe gestellt, hauptsächlich aus eigenen Mitteln und mit nur geringer Unterstützung durch Staatsbeiträge geognostische Karten in grossem Maassstabe mit entsprechenden Erläuterungen auszuarbeiten und zu publiciren (1855—jetzt). Wir verdanken ihm bereits eine ansehnliche Reihe von geognostischen Karten und Beschreibungen.

Einen ganz besonders grossen Aufschwung hat die geologische Forschung in neuerer Zeit in der Schweiz genommen, welche sich überdiess schon seit 1853 einer ausgezeichneten von Studer und Escher v. d. Linth hergestellten, geologischen Uebersichtskarte, und einer eingehenden geologischen Schilderung (Studer's Geologie der Schweiz 1851) zu erfreuen hat. Gegenwärtig wird von Bundeswegen und auf eidgenössische Kosten unter der Ueberwachung einer besonderen Commission, an deren Spitze der Altmeister der Wissenschaft Studer als Präsident steht, von einzelnen Geologen eine eingehende Detailaufnahme durchgeführt. Eine namhafte Anzahl von geologischen Karten mit vielen Bänden Erläuterungen giebt Zeugniss von dem erstaunlich raschen Fortschreiten dieser Arbeit.

Die grosse von Dufrénoy und E. d. Beaumont hergestellte geologische Karte und Beschreibung von Frankreich (1834—1841) war bis vor Kurzem nur durch Departementskarten vervollständigt worden, deren Herstellung meist von den betreffenden Bergingenieuren des Bezirks in dienstlichem Auftrage besorgt wurde. Doch trugen diese Karten keinen eigentlich amtlichen Charakter, da sie meist in Fachzeitschriften publicirt worden sind. Später wurde die geologische Kartirung des Landes mit Benützung der General-Stabskarten vom Ministerium für öffentliche Arbeiten aus Staatsmitteln (gegenwärtig jährlich 80000 Frs.) angeordnet und mit der Durchführung ein Mitglied des Central-Collegiums für das Bergwesen (früher der General-Inspektor E. d. Beaumont, jetzt G. J. Jacquot) betraut. An den Arbeiten sind besonders die Ingenieure der Bergwerke betheiligt. Ein Abschnitt dieser Ansarbeitungen der Carte geologique detaillée de la France (in Farbendruck 1 : 80000) ist bereits erschienen, und die Vorbereitungen getroffen, dass in 15 Jahren die geologische Kartirung des ganzen Landes fertig gestellt zu sein gehofft werden darf.

In Belgien hatte die Regierung Dumont mit der Herstellung einer grossen geologischen Landeskarte betraut. Auf welche Weise diese seit 1836—1854 publicirte Karte entsprechend erweitert und verbessert werden soll, darüber schweben zur Zeit noch die Verhandlungen.

Noch ganz besonders ist die geologische Anstalt in Schweden „Soeriges geologisca undersökning" zuerst unter A. Erdmann's, jetzt Torell's Leitung hervorzuheben, deren energisches Vorgehen seit 1858 besonders gerühmt zu werden verdient. Ein ähnliches Institut besteht auch für Norwegen.

Russland besitzt zur Zeit noch keine geologische Landesanstalt, doch sind umfassende Vorkehrungen getroffen, eine solche ins Leben zu rufen, nachdem eine grosse Anzahl von geologischen Arbeiten auf Staatskosten, aber ohne einheitliches System ausgeführt worden sind. Es müssen besonders die Arbeiten Murchison's, Graf Keyserling's, General v. Helmersen's hier namhaft gemacht werden. Gegenwärtig wird eine geologische Detailaufnahme im Kaukasus durch Bergingenieure bewerkstelligt und die k. mineralogische Gesellschaft hat neuerdings die Herstellung einer geologischen Karte des europäischen Russlandes in die Hand genommen. Ausserdem wurden in neuerer Zeit mehrere Flötzkarten verschiedener Steinkohlenreviere aus Staatsmitteln herzustellen begonnen.

In Italien besteht seit 1867 ein eigenes Institut: R. Comitato geologico d'Italia in Rom, welches seit 1870 ein fortlaufendes Bolletinó und grössere Memoiren veröffentlicht. Die geologische Kartirung wird mit der begonnenen Neuherstellung der Generalstabskarte (1 : 50000) in gleicher Richtung in Sicilien beginnend nach Norden fortschreiten. Probeweise soll für die Aufnahme im Felde der Maasstab 1 : 25000 in Anwendung gebracht werden, im Allgemeinen jedoch wird angenommen, dass der Maasstab 1 : 50000 für Aufnahme und Publikation genügen werde. Die Aufnahme hat gegen Anfang 1877 begonnen. Ausserdem nehmen gleichzeitig die geologischen Ausarbeitungen in den piemontesischen Alpen von Gastaldi und Baretti (1 : 50000), in den apuanischen Alpen von Cocchi (1 : 86400) und in einigen Theilen Toskana's von Sotte und De Stefani ihren ungestörten Fortgang.

Während weiter derartige mehr oder weniger selbstständige geologische Institute in Portugal (Commissão geologico), in Spanien (Commision del mapa geologica de'Espanna), sohin in allen europäischen Staaten — die Türkei und Griechenland ausgenommen — in fast allen einzelnen Staaten von Nordamerika, selbst in einigen Staaten von Südamerika und in Japan — zu Yesso unter der Direktion von M. Smyth Lyman jüngst errichtet — mit einem Aufwande sehr grossartiger Geldmittel und mit der Entwicklung einer erstaunlichen Rührigkeit ihre regelmässige Thätigkeit entfalten, tragen die zahlreichen wissenschaftlichen Expeditionen und Reisen in den übrigen Ländern der Erde nicht wenig zur Erweiterung der geologischen Kenntniss bei. Es sei nur aus neuerer Zeit an die verschiedenen nordischen Expeditionen erinnert, welchen wir die wichtigsten geologischen Entdeckungen verdanken, an die zahlreichen Erdumsegelungen und an die diesen angeschlossenen Erforschungsreisen eines v. Hochstetter, v. Richthofen u. A. Viele Reisen der jüngsten Zeit verfolgten in erster Linie geologische Zwecke, wie beispielsweise die von Agassiz und Hartt nach Südamerika, von Escher und Desor in die Sahara, Nordenskjöld's in die Nordländer, Pumpelly's in China, v. Seebach's in Mittelamerika, Burkart's in Mexico, Marcou's in Nordamerika, Abich's in den Kaukasusländern, v. Drasche's nach verschiedenen Gegenden der Erde, E. Favre's in dem Kaukasus, von Fraas nach Palästina, Zittel's in der libyschen Wüste, Stoliczka's nach Kashgar, Velain's auf der Insel St. Paul, der Wiener Geologen in dem Balcan und in Griechenland, H. Credner's in Nordamerika, Stelzner's in der argentinischen Republik, Maw's in Marocco, Strobel's in den Anden, von Reiss in Ecuador, Verbeck's in Borneo, Stöhr's auf Java, Cohen's in Südafrika, Tietze's in Persien, von Lang in Westafrika und vieler anderer Reisenden. So kann gehofft werden, dass wir in nicht zu langer

Zeit wenigstens eine gute Uebersicht über die geologischen Verhältnisse der ganzen Erde gewinnen werden.

2) **Entdeckungen von Thierresten in Nordamerika.**
(Anmerkung 2 zu S. 6).

Ueber diese neuen Entdeckungen hat Prof. Marsh (the Americ. Journ. of science and arts, third Ser. Vol. XII 1876. N. 67. S. 59) einen ausführlichen, höchst interessanten Bericht erstattet.

3) **Geognostische Verhältnisse im Ries.**
(Anmerkung 3 zu S. 7).

Vergl. meinen Aufsatz: „Der Riesvulkan" in den Sitzungsber. d. k. Acad. d. Wiss. math.-physic. Cl. 1870 I. S. 153.

4) **Versuche behufs des Auffindens von Steinkohlen in Württemberg und in der Schweiz.**
(Anmerkung 4 zu S. 8).

In Württemberg wurden sehr energische Versuche zum Zwecke des Aufschlusses von Steinkohlen am Ostrande des Schwarzwaldes auf Staatskosten (1835—1875) durchgeführt. Es finden sich bekanntlich an diesem östlichen Urgebirgsrande nur an einer einzigen Stelle und auf sehr geringe Erstreckung in dem tiefen Thaleinschnitte der Schiltach bei der Hammerschmiede unterhalb Schramberg unter dem Rothliegenden Schichten zu Tag ausstreichend vor, die man der Steinkohlenformation zuzuzählen geneigt ist. Schon 1831 wurde ein Stollen durch diese Schichten getrieben, um Steinkohlenflötze darin zu entdecken. Doch vergeblich. Nun suchte man die Steinkohle durch Bohrungen in etwas grösserer Entfernung vom Gebirgsrande und in beträchtlicherer Tiefe auf. In der Nähe (1831—1835) angestellte Bohrversuche erschlossen das eine Mal von 134 Mtr. Tiefe an die gleichen Kohlengebirgsschichten, wie sie an der Hammerschmiede vorkommen, bis 217 Mtr. im Wechsel mit Sandstein und Kohlenschiefer, aber ohne Steinkohlenflötze in unmittelbarer Auflager auf Porphyr, das andere Mal (1839—1849) unter einer Decke von Rothliegendem in 394 Mtr. Tiefe dasselbe Schichtensystem, gleichfalls ohne Kohle bis 444 Mtr. Tiefe, wo man wieder fand, dass es auf Porphyr aufruhte. Ein weiter ostwärts bei Dunningen in scheinbar ruhiger gelagertem Gebirge 1861 abgestossenes Bohrloch lehrte hier das gänzliche Fehlen der obenbezeichneten Schichtenreihe über dem granitischen Untergrunde kennen und nicht günstigere Resultate ergab die Tiefbohrung im Neckarthale bei Oberndorf, welche als ein Fundamentalversuch anzusehen ist, obwohl er leider bei 488 Mtr. Tiefe Anfangs des Jahres 1876 in Folge von Gestängbruch aufgegeben werden musste. Hier war der auflagernde Buntsandstein nur 158½ Mtr. mächtig; darunter folgte das Rothliegende ununterbrochen bis zur erreichten grössten Tiefe. Es ist sehr zu beklagen, dass in der Nähe dieses Bohrversuchs nicht ein zweiter bewerkstelligt wurde.

Auch von Seite der preussischen Regierung wurde auf Hohenzoller'schem Gebiete 1857 ein Bohrloch behufs des Aufschlusses von Steinkohlen bei Dettingen abgestossen, das bei 1914 Fuss (? 600 Mtr.) noch im Rothliegenden stehend wegen eingetretenen Gestängebruchs aufgegeben wurde. Eine weitere Tiefbohrung zu Dürrmenz-Mühlacker, die 1855 begonnen und bis 1859 durchgeführt wurde, stiess im Tiefsten (556,2 Mtr.) auf Zechstein, und eine solche bei Ingelfingen (1857) erreichte die ansehnliche Tiefe von 817,7 Mtr. Es ist sehr bemerkenswerth, dass durch die beiden zuletzt erwähnten Bohrungen in dieser Gegend das Vorhandensein eines bis 29 Mtr. mächtigen Systems von Zechstein zwischen Buntsandstein und Rothliegendem in der Tiefe nachgewiesen worden ist, obwohl diese Bildung nirgendwo in dem Nachbargebiete zu Tag ausstreicht. Im Bohrloch Ingelfingen ist die untere Grenze des Buntsandsteins bei 406,3 Mtr. erreicht worden; darunter liegt der Zechstein mit 29,4 Mtr. und dann das Rothliegende 292 Mtr. mächtig. Unter letzterem wurde nach tiefer 89,4 Mtr. durch ein System von Schiefer und Kalk gebohrt, das zur Kulm- oder Devonformation zu gehören scheint.

Es geht daraus unzweideutig hervor, dass die Kohlenformation am Westrande des Schwarzwaldes grossen Theils völlig fehlt, oder doch nur dürftig, auf ganz kleine Flecken beschränkt, immer aber ohne Steinkohlenflötze entwickelt ist, wobei es noch nicht einmal sicher festgestellt ist, ob überhaupt die als Kohlengebirgsschichten angesprochenen Gesteine wirklich zur Steinkohlenformation gehören, oder einer dem Rothliegenden untergeordneten Schichtenreihe der gleichfalls graugefärbten Ueberkohlenschichten entsprechen. Wie dem auch sei, es fehlen die Steinkohlenflötze und die Frage, sofern sie keine blosse akademische, sondern eine für die Technik praktische Bedeutung hat, ist hier als endgültig in negativer Weise beantwortet, zu erachten.

An diese Versuche in Württemberg schliessen sich auch geographisch jene der Schweiz unmittelbar an. Die Abhängigkeit, in welcher man sich hier in dem Bedarfe an Mineralkohle vom Auslande fühlte, gab wie in Württemberg auch in der Schweiz Veranlassung nach Steinkohlen im eigenen Lande zu suchen und zwar zunächst als Fortsetzung der württembergischen Versuche

---

*) Begleitw. z. d. geol. Blatt. Oberndorff v. Paulus S. 8; Württ. Naturw.-Jahresh. 1859—60 S. 326. Quenstedt, Ep. d. Natur S. 440; v. Carnall Zeitschr. VI. S. 99; Briefl. Mitth.

nunmehr am Südrande des Schwarzwaldes. Es bildete sich eine Privatgesellschaft von Patrioten, welche sich die Lösung dieser Frage durch Tiefbohrungen zur Aufgabe stellte. Hierzu wurde ein Punkt am Rhein zwischen Rheinfelden und Kaiseraugst ausgesehen und mit der Bohrung im August 1875 begonnen. Mittels der Vorrichtung des Diamantkernbohrers wurde in der erstaunlich kurzen Zeit bis 15. October 1875 das Bohrloch bis zu der ansehnlichen Tiefe von 523,21 Mtr. niedergebracht. Im Röth angesetzt, durchteufte dasselbe von Oben bis 82,77 Mtr. Buntsandstein mit Einlagerungen von grobem Sande, dann unter 82,77 Mtr. die 3,05 Mtr. mächtige Grenzschicht eines groben, trümmerigen Quarzsandsteins mit weissem feinkörnigem Dolomitspath und blättrigem Gyps, den Repräsentanten der Zechsteinbildung, weiter bis 225,7 Mtr. Röthelschiefer (rothen Schieferletten mit grünen Augen) zuweilen mit Gypsschnürchen und Bröckchen, ferner bis 300 Mtr. denselben Röthelschiefer mit Kalkbröckchen, bis 356,75 Mtr. groben Sandstein im Wechsel mit Conglomerat des Rothliegenden und Röthelschiefer, bis 375,15 Mtr. schwärzlichen Schieferthon mit einer Kalkschicht und endlich von da an nur Urgebirgsgestein: glimmerigen Schiefer, Diorit mit zahlreichen durchsetzenden Gängen von Granit bis zur Sohle des Bohrlochs, (523,21 Mtr.), ohne auf Steinkohlenschichten gestossen zu sein. Wir haben mithin das gleich ungünstige Bohrergebniss, wie am ganzen Ostrande des Schwarzwaldes. Ein beabsichtigtes 2. Bohrloch ist noch nicht begonnen.[*]

Was die Versuche am gegenüberliegenden Urgebirgsrande am Fichtelgebirge und längs des ostbayrischen Grenzgebirges anbelangt, so wird eine spätere Anmerkung (18.) diese behandeln.

5) Das Verhältniss der Geognosie zur Agricultur.
(Anmerkung 5 zu S. 14).

Schon 1765 liess die churfürstliche Regierung zu Hannover Erdarten sammeln, sie chemisch untersuchen und den Landwirthen durch eine Druckschrift bekannt geben, wie sie die Erdarten behandeln sollten (Abh. Ueber eine beträchtliche Anzahl Erdarten und von derselben Gebrauch für den Landwirth, Hannover 1796).

Vergleiche auch meinen Aufsatz: Bodenkunde und Geognosie in der Beilage der Augsb. Allgem. Zeitung vom 2. Febr. 1875 Nr. 33.

---

[*] Verhandl. d. naturf. Ges. in Basel 6 Th. 2 Heft. S. 345. Gedenkblatt d Bohr f. d. Weyherfelde bei Rheinfelden 1875 von Müller; Briefl. Mitth. Desor, Rav. 1875 pag. 352.

6) **Verhältniss der Geognosie zur Gesundheitspflege.**
(Anmerkung 6 zu S. 17).

Vergleiche meinen Aufsatz: „Der Boden von München" in der Beilage der Augsb. Allgem. Zeitung vom 18. April 1876 Nr. 109 und I. Bericht über die Verhandlungen und Arbeiten der Commission für Wasserversorgung in München 1874—75 S. 25.

7) **Die bayerische Steuerkataster-Vermessung.**
(Anmerkung 7 zu S. 19).

Bayern erfreut sich einer detaillirten Steuerkataster-Vermessung und einer in einzelnen lithographisch hergestellten Blättern bestehenden Planlegung, wie diese vollständiger kaum in einem andern Lande durchgeführt ist.

Schon zu Anfang dieses Jahrhunderts wurde anerkannt, dass behufs einer billigen Vertheilung der Steuer eine genaue Parzellar-Vermessung nothwendig sei. Es wurde desshalb eine allgemeine Steuer-Katastral-Vermessung des ganzen Königreichs 1808 beschlossen und diese mit kurzen Unterbrechungen bis 1853 fortgesetzt und beendet. Mit der Ausführung dieses grossartigen Vermessungswerkes wurde eine besondere Anstalt, die k. Steuer-Kataster-Commission betraut.

Die ganze Landesvermessung stützt sich zunächst auf drei grosse direkt gemessene Grundlinien und auf ein System von grossen Dreiecken — Hauptdreiecksnetz, — dem eine weitere Anzahl kleiner trigonometrisch bestimmter Dreiecke — Sekundärnetz — vor der Parzellar-Vermessung beigefügt worden sind. Auf Grund dieser in Coordinaten gegebenen Punkten folgte dann die Einschaltung weiterer Punkte durch graphische Bestimmungen (Herstellung des graphischen Detailnetzes). Die Oberfläche des Landes ist desshalb von München als dem Normal- oder Ausgangspunkt für das Vermessungssystem, in nahezu quadratische Abschnitte (Detailblätter) getheilt, bei welchem die Differenz in beiden Dimensionen so gering ist, dass sie bei einem Maasstabe von 1 : 5000 in der Zeichnung des Vierecks selbst in den von München als dem Normalpunkt am weitesten entfernten Blättern kaum zu bemerken ist. Man darf daher die bayerischen Netzvierecke d. h. die Steueroder Messtisch-Blätter als Quadrate bezeichnen.

Der Nullpunkt des Coordinatensystems geht durch den nördlichen Frauenthurm in München, sodass die ganze Landesoberfläche in 4 Theile zerlegt wird NO., NW., SO. und SW. Die einzelnen Blätter in diesen 4 Theilen werden in den Richtungen von N. nach S. durch römische, von O. nach W. durch arabische Ziffern bezeichnet.

Es sind auf jedem einzelnen Messtischblatte im 5000theiligen Maassstabe als einem Quadrate von 8000 bayr. Fuss = 2334,87 Mtr. Seite ungefähr 20 — 30 genau bestimmte Punkte festgestellt, ehe die Detailvermessung ihren Anfang nimmt. Diese selbst findet mit Messtisch und Distanzmesser gewöhnlich im 5000theiligen, bei sehr parzellirtem Grundbesitze, bei Städten, Märkten und grossen Ortschaften im 2500theiligem Maassstabe (Theile vom Unterfranken, Pfalz, Landgericht Lindau) statt; bei einzelnen Detailbeilagen kommt selbst der 1250theilige Maassstab in Anwendung. Auf Grund dieser streng controllirten Vermessung besitzt Bayern ein Planmaterial von ungefähr 20000 Plänen nämlich:

18680 Detailblätter 1 : 5000 und z. Th. 1 : 2500
255 Stadtplänen
894 Ortsbeilagen } 1 : 2500 und 1 : 1250.
106 Detailbeilagen

Alle diese Pläne sind lithographirt und Abdrücke in Lithographie zu dem äusserst billigen Preise:

die Detail- und Ortschafts-Blätter zu — Mk. 80 Pf.
Stadtpläne 1 „ 20 „

käuflich zu haben. Ausserdem sind noch Landgerichtsübersichtskarten (1 : 100000) in skizzirter Ausführung hergestellt.

Dass für die fortdauernde Evidenthaltung dieser Blätter durch eigene Vermessungs-Beamte gesorgt ist, darf kaum noch bemerkt werden.

8) Die geognostischen Karten verschiedener Länder.
(Anmerkung 8 zu S. 20).

In Bayern wurden bei der geognostischen Landesaufnahme die geognostischen Beobachtungen grösstentheils auf die Steuerkatasterblätter (1 : 5000) direkt eingetragen. In den Alpen dienten zur geognostischen Einzeichnung neben diesen Blättern, die nur in den östlichen Theilen zur Benützung kamen, die 25000theiligen Forsteinrichtungskarten und die 50000theiligen topographischen Atlasblätter; im Fichtelgebirge leisteten neben den zur Einzeichnung verwendeten Steuerblättern die 25000theiligen Positionsblätter des topographischen Bureaus vorzügliche Beihilfe. Diese Aufnahmsblätter werden während der Wintermonate weiter ausgearbeitet, z. Th. colorirt und bilden die eigentliche geognostische Landesgrundkarte.*) Zur Zeit sind etwas über 6600

---

*) Um die Ergebnisse der geognostischen Untersuchung der praktischen Benützung so viel als möglich zugänglich zu machen, ist Veranstaltung getroffen, dass man von jeder solcher geognostischen Grundkarte eine Kopie durch das geognostischen Bureau gegen Erstattung der Selbstkosten erhalten kann.

Steuerkatasterblätter und topographische Atlasblätter geognostisch ausgearbeitet und fertig gestellt.

Von diesen Originalaufnahmsblättern wird die Uebertragung der geognostischer Einzeichnungen auf Karten von kleinerem Maasstab ausgeführt und dabei folgende Karten benützt:

Geschäftsübersichtskarte im Maasstab . . . 1 : 1000000
Landgerichtsübersichtskarten . . . . . 1 : 100000
Kartenblätter für die Publikation . . . 1 : 100000
Topographische Atlasblätter . . . . . 1 : 50000
Topographische Positionsblätter . . . . 1 : 25000

Zur Vergleichung mögen folgende Angaben über die zu geologischen Aufnahmsarbeiten ganzer Länder dienenden und zur Publikation gelangenden Karten verschiedener Länder dienen:

1) In England*) Aufnahmsblätter . . . . 1 : 21120
    Allg. Publikationsblätter (General maps) . . . 1 : 63360
    Spezialblätter (County maps) . . . . 1 : 10560

2) Englische Colonien:
    Canada, Uebersichtskarten . . . . 1 : 584000
    Detailblätter . . . . 1 : 253440
    Victoria, Uebersichtsblätter . . . . 1 : 584000
    Detailblätter . . . . 1 : 126720
    New-Zealand, Uebersichtsblatt . . . . . . 1 : 253440

3) Oesterreich**), Aufnahmsblätter in verschiedenen
    Landestheilen . . . . 1 : 28800
                                                            1 : 144000
                            und 1 : 288000
    Publikationskarten (v Hauer'sche Uebersichtskarte) 1 : 576000
    Detailblätter (Handcolorirung) . . . . . 1 : 144000
                            und 1 : 288000

4) Sachsen, Aeltere Aufnahms- und Publikationskarte . 1 : 120000
    Neue projektirte Karte . . . . 1 : 25000

---

*) Die geolog. Karte von England und Wales ist bereits in 83 Sektionen fertig gestellt, und nur 27 Sektionen sind noch auszuführen; von Irland ist gleichfalls der grösste Theil der Sektionen bereits publicirt und auch für Schottland seit 1875 mit der Kartirung begonnen.

**) Oesterreich besitzt ausserdem noch eine reiche Auswahl in verschiedenem Maasstabe hergestellter Karten (siehe Katalog d. Wiener Weltausstellung d. k. k. geologisch. Reichsanstalt 1873 S. 7–11).

5) **Preussen**, Aeltere Publikationen:
    v. Dechen's, Rheinland und Westphalen . . . 1 : 80000
    Schlesien und Harzgegend . . . . 1 : 100000
    Neue Aufnahms- und Publikationskarte . . . 1 : 25000
6) **Schweiz**, Studer's und Escher's Uebersichtskarte . . 1 : 380000
    Aufnahms- und Publikationskarte . . . . . 1 : 100000
    Einzelne Detailblätter (Basel) . . . . 1 : 50000
                              und (Sentis) 1 : 25000
7) **Frankreich***), Carte géologique de la France p. Dufrénoy et E. d. Beaumont . . . . 1 : 500000
    Carte geol. détaillée . . . . 1 : 80000
8) **Südwestdeutschland** (Württemberg, Baden, Hessen, Nassau) . . . . 1 : 50000
9) **Belgien**, Uebersichtskarte . . . . 1 : 800000
    Dumont'sche Specialkarte . . . . 1 : 160000
    Neue Aufnahmskarte noch unbestimmt.
10) **Schweden**, Spezialkarte . . . . 1 : 50000
11) **Norwegen**, Publikationskarte . . . . 1 : 200000
12) **Portugal**, Uebersichtskarte . . . . 1 : 500000
    Spezialblätter . . . . 1 : 100000
13) **Spanien**, Uebersichtskarte . . . . 1 : 100000
    Specialblätter . . . . 1 : 200000
14) **Holland** . . . . 1 : 200000
15) **Italien**, Aufnahmskarten (versuchsweise) . . . . 1 : 25000
                                     oder 1 : 50000
    Publikationskarten . . . . 1 : 50000
    Einzelne Ländertheile . . . . 1 : 10000

In Russland ist noch kein bestimmter Plan über die systematisch geologische Landesuntersuchung festgestellt; die bisher ausgeführten geologischen Karten sind nach verschiedenen Maassstäben entworfen.**)

---

*) In Frankreich giebt es überdiess noch eine sehr grosse Anzahl geol. Departementskarten und zahlreiche Karten verschiedener Gegenden in verschiedenem Maassstabe.

**) Eine erste geologische Skizze Russlands von 1841 wurde vom General von Helmersen, eine zweite 1845 von Meyendorff hergestellt. Das Hauptwerk über die Geologie in Russland bis jetzt ist Murchison's, Verneuil's und Gr. A. Keyserling's Beschreibung mit einer geologischen Uebersichtskarte, die mehrfach verbessert zuletzt in 4. Auflage von G. v. Helmersen besorgt wurde. Dazu kommt eine geologische Karte der

In sonstigen aussereuropäischen Ländern ragen besonders die vereinigten Staaten von Nordamerika durch die sorgsamste Pflege, welche in den einzelnen Staaten der geologischen Untersuchung zugewendet wird, hervor. Doch ist bis jetzt die Kartirung noch nicht einheitlich durchgeführt. Es ist aber in neuerer Zeit eine Centralstelle für das ganze Land unter der Direktion Hayden's in Washington errichtet worden, welche die Verbindung zwischen den Forschungen in den einzelnen Staaten mit ihrem ungeheuren, täglich in erstaunlicher Weise sich mehr anhäufenden Materiale herzustellen bestrebt sein wird.

9) Versteinerungen aus dem Grünsande von Regensburg.
(Anmerkung 9 zu S. 25).

Neuere Erfunde in dem Grünsande und den cretacischen Schichten besonders bei Kelheim haben reichliches Material geliefert, um mehrere der in dem Verzeichnisse der Versteinerungen aus diesen Bildungen angegebenen Arten (Geogn. Beschreib. v. Bayern II. Bd. S. 751 — 762) einer genaueren Untersuchung zu unterziehen. Es hat sich daraus ergeben, dass zu *Pycnodus* die Species *Münsteri* Ag. hinzukommt, *Gyrodus rugulosus* ist zu streichen, dagegen eine Form cf. *Scoliodon priscus* Rss. und *Saurocephalus* cf. *lanciformis* Harlan beide von Neukelheim hinzuzusetzen, statt *Ptychodus mammillaris* Ag. ist zu setzen: *P.* cf. *decurrens* Ag. Bei *Strophodus ratisbonensis* Gümb. ergiebt sich eine grosse Aehnlichkeit mit der jurassischen Art *subreticulatus*, indem scheint es mir nicht zweifelhaft, dass die oben erwähnte Art wirklich aus Gründsandstein und nicht aus dem unterlagernden Jurakalk stammt. *Hemipristis subserrata* Mü ist als zweifelhaft zu streichen, wie *Otodus crassus* Ag. wegen

---

Steinkohlenformation am Westabhange des Urals von Prof. Möller, eine Karte des Gouv. Kijew von Prof. Feofilaktow. Frühere Forschungen wurden angestellt von Prof. Blasius, von Strangways, Demidow in Südrussland, Tschichatschew in Altai, Pander in den Ostseeprovinzen, Röthlinger in Finnland und in Lappmarken und Erman im asiatischen Russland, im Kaukasus und Kleinasien war Abich bis in die jüngste Zeit thätig. Am genauesten geologisch kartirt sind in neuerer Zeit die drei Ostseeprovinzen von Schmidt u. Grewingk, die Provinzen von Petersburg, Nowgorod, Twer, Moskwa, Kijew, Kasan, Cherson, Taurien, Kaukasus, Ural, Petschoraland und Altai. Von Barbot de Marny sind höchst interessante Brobachtungen auf den Expeditionen nach Chiwa, Bochara und Samarkand gemacht und für ein Werk über die Geologie von Turan gesammelt worden. Flötzkarten sind neuerdings hergestellt worden für den oberen Theil des Donezer Steinkohlengebirges, ebenso für die Westhälfte und für das südliche Polen (von F. Roemer). Unter Gen. v. Helmersen's Leitung wird jetzt an der Flötzkarte des centralrussischen Steinkohlenbeckens von Römer, Tula und Kaluga durch Alf. Struve und Jos. Lahusen gearbeitet.

schlechten Erhaltungszustandes; die als *Otodus semiplicatus* Mü. angegebene Form steht zwischen dieser Art und *appendiculatus* in der Mitte; *Oxyrrhina Mantelli* von Kelheim ist nicht sicher auf diese Art zu beziehen, daher als O. cf. *Mantelli* zu bezeichnen, eine 2. Art ist O. cf. *raphiodon* Ag. von Kelheim, dazu kommt *Lamna* cf. *subulata* Ag. ebend daher. Auch über die Herkunft von *Nautilus hercynicus*, den ich nicht selbst gesammelt habe, herrscht in dieser Richtung eine Unsicherheit, ob er nicht möglicher Weise aus Juraschichten stamme.

10) Verlauf der Curven der magnetischen Horizontal-Intensität in Südbayern.
(Anmerkung 10 zu S. 25).

Es ist nicht ohne Interesse zu bemerken, dass dieser unterirdisch angenommene Urgebirgsrücken auch jetzt noch sich an der gegenwärtigen Oberfläche bemerklich zu machen scheint. Zwar liefern die für Benediktbeuern, Holzkirchen und Hohenpeissenberg bestimmten Lothablenkungen wegen der Nähe der Alpen kein brauchbares Resultat. Doch ist, wie Herr Director v. Lamont mir mitzutheilen die Güte hatte, von ihm auf der Linie Vilshofen—Freising, Passau—München und Ried—Weilheim eine sehr auffallende Biegung der magnetischen Horizontal-Intensitätscurven nachgewiesen worden, welche auf das Vorhandensein tief gelegener störender Massen schliessen lässt.

11) Geognostische Stellung des rothen Sandsteins in den Alpen.
(Anmerkung 11 zu S. 27).

Eine Reihe vorherrschend rothgefärbter Sandsteine, sandiger und thoniger Schiefer und mehr oder weniger grobkörniger Conglomerate nimmt fast regelmässig im ganzen Alpengebiete ihre Stellung zwischen der älteren Thonschieferzone und der vor oder aufliegenden jüngeren Kalkalpenbildungen ein.

Man bezeichnet dieselbe in verschiedenen Theilen ihrer alpinen Verbreitung verschieden als Werfener Schichten, Verrucano, Grödner Sandstein, Seisser- und Campiler-Schichten. Ihre theilweise Zuweisung zum Rothliegenden und zum Buntsandstein ist jetzt allseitig zugestanden. Doch herrschen über die Abgrenzung beider und die locale Zutheilung noch verschiedene Ansichten. Während nämlich die ächten, oft brecciënähnliche Verrucanobildungen und die mit ihnen zusammenliegenden *Walchien* und *Farnreste* enthaltenden Schiefer, welche in Südtirol aufs engste dem Porphyr sich anschliessen, wohl ohne Widerspruch als dem Rothliegenden entsprechend angesehen werden, war bisher die gleiche Uebereinstimmung bezüglich des eigenthümlichen rothen Sandsteins in Nordtirol von der Salzach westwärts und des sog. Grödener Sandsteins in Südtirol noch nicht zu erzielen, wenn auch die sie unmittelbar überlagernden Schichten mit *Myophoria costata*, *Pleuromya fassaensis*, *Ceratites Cassianus*, *Naticella costata* u. s. w. in den Nordalpen, die sog. Seisser - und Campiler-Schichten in den Südalpen mit guten Gründen und ziemlich allgemein als Aequivalente der Röthschichten des Buntsandsteins angesehen werden. Ueber die darunter liegenden Schichten herrscht z. Z. noch eine getheilte Ansicht. Die darauf bezügliche Frage, ob der tiefere, meist rothe Sandstein dem tieferen Buntsandstein oder bereits dem Rothliegenden entspreche, ist neuerdings durch das Auffinden einer an *Foraminiferen*- und *Ostracoden*-Einschlüssen strotzenden Zwischenlage schwarzen Kalkes oder gelben Dolomits, den sog. Bellerophonschichten, zwischen Grödner Sandstein und Seisser Schichten und durch die Entdeckung von bestimmbaren Pflanzenresten in diesem Sandsteine bei Neumarkt unfern Trient in Formen, welche mit den bei Fünfkirchen in Ungarn vorkommenden identisch sind, in ein neues Stadium getreten.

Diese Bellerophonschichten enthalten ausser *Foraminiferen* und *Ostracoden* noch eine Anzahl andere Versteinerungen, z. B. *Bellerophon peregrinus*, *Myophorien*, *Avicula*, *Pecten*, *Gervillia* u. s. w., aus deren Untersuchung zuerst Dr. G. Stache den Schluss zog, dass diese Bildungen eine Mittelstellung zwischen Dyas und Trias einnehmen; neuerdings aber nimmt Derselbe an, dass sie direkt dem Zechstein gleich zu stellen seien, während ich die hier vorfindliche Fauna als die Reste einer bis in die Triaszeit fortdauernden älteren paläozoischen Formenreihe ansehen zu dürfen glaubte. Diese Annahme stützte sich hauptsächlich auf eine im Trudenthale bei Neumarkt gemachte Beobachtung, dass dort eine Lage mit der charakteristischen Röthspecies *Myophoria costata* und anderen Triasarten unterhalb einer Schichtenreihe lagernd sich findet, die ich für ein Aequivalent der Foraminiferenschichten oder des Bellerophonkalks des östlichen Gebiets hielt. Dies verhält sich nach neueren, von mir daselbst wiederholt angestellten Untersuchungen nun allerdings nicht so. Ich fand vielmehr, dass an der erwähnten Fundstelle eine Verwerfung in Verbindung mit Verrutschungen der Schichten eine Unregelmässigkeit der Schichtenaufeinanderfolge bewirkt hat, und dass das Gestein mit den bezeichneten Röthversteinerungen aus viel höheren Lagen herabgestürzt ist. Ich habe mich überzeugt, dass der Horizont D^{10}, S^{10}, M^{10} und T^{10} in meinem ersten Berichte (Sitz. d. Ak d Wiss. vom 1. März 1873 S. 32 und 33) irrthümlich zu tief gestellt und wahrscheinlich mit der Schichtenlage 4 zusammenfällt. In jedem Falle liegt der Bellerophonkalk oder sein Stellvertreter viel tiefer als diese Röthschicht und zwar zwischen den Schichten mit *Posidonomya Clarai* und den tieferen Sandsteinlagen mit den erwähnten Pflanzenresten. Bei dieser Gelegenheit machte ich ferner die wichtige Entdeckung, dass an der Strasse von Neumarkt aufwärts gegen das Dorf Mazzon, an deren Rand die Lagen des Grödener Sandsteins so zu sagen Schicht für Schicht bis zur auflagernden Mergel mit *Posidonomya Clarai* entblösst und zugänglich sind, in einer vor den übrigen Schichten sich hervorhebenden Bank weissen Sandsteins eine Anzahl bestimmbarer Pflanzenreste sich findet. Die Identität derselben mit den eben von Heer*) aus Fünfkirchener Schichten beschriebenen und für Dyaspflanzen erklärten Arten wurde von Hrn. Prof. Schimper, dem ich das gesammelte Material zugeschickt habe, sofort erkannt. Unter diesen Pflanzen befinden sich: *Voltzia hungarica***), *Baiera digitata, Ullmannia Bronni, U. Geinitzi, Carpolithes*, ein Farnwedel, *Calamites* oder *Equisetites* (vergl. Verh. d. k k geol. Reichs. a. Wien Nr. 1 1877 S. 25) mit Anklängen an die Triasflora. Nach oben wechseln bei Neumarkt diese sandigen Schichten mit grünlichgrauen Schieferthonlagen, welche gleichfalls Pflanzenreste führen und werden unmittelbar von weissem Kalk und gelbem Dolomit mit vielen Versteinerungen — leider in nur schlecht erhaltenen Steinkernen — bedeckt, die ihrerseits wieder unmittelbar von Seisser Mergelplatten gleichförmig überlagert sind. Dass diese gelben Dolomite die Bellerophon-Schichten vertreten, scheint mir nicht zweifelhaft. Die pflanzenführenden Lagen haben daher ihre Stelle unmittelbar unter den Bellerophonschichten und nahe unterhalb der Seisser-Schichten. Aus gleicher Lage stammen von mehreren Fundstellen ähnliche Pflanzenreste und verkieselte Stammstücke, die ich bei Gardolo di Mezzo unfern Trient und unter der Solschedia sammelte. Nach den Dünnschliffen, die ich mit Exemplaren des Kieselholzes von Cserkut aus den Fünfkirchener Schichten (durch die Güte des Herrn Sectionsgeologen Bökh in Pest erhalten) verglichen haben, stimmen auch diese in der Art überein, dass sie zu der Gruppe der unter der Bezeichnung „*Araucarites*" bekannten Kieselhölzer (nicht mit den sog. Staarsteinen) gehören, die auch im Rothliegenden an vielen Orten gefunden werden — Böhmen, Pfalz. Eine Vergleichung speziell mit *Araucarites Schrollianus* Göpp weist jedoch gewisse Differenzen nach, die einer Identificirung mit dieser Art nicht das Wort reden.

*) Ueber permische Pflanzen von Fünfkirchen, Sep. aus V. Bd des Jahrbuches d. kgl. ungar geol. Anstalt. 1876.
**) Diese *Voltzia* scheint ident mit den Pflanzenresten, die v. Schauroth als *Palissya Massalongi* aus den Arenaren antica des Val. Prak. bei Recoaro beschreibt (Sitz. d. Ac. d. Wiss. in Wien, math.-natw. Cl 1855. Bd. XII.)

Es ist demnach die Gleichstellung des Grödener Sandsteins mit den Schichten von Fünfkirchen wohl nicht weiter in Zweifel zu ziehen. Die letzteren liegen nach den gefälligen Mittheilungen Hrn Bökh's, wie derselbe bereits in der Heer'schen Publikation auseinander gesetzt hat, in einem gelblich-grauen oder rothen, z. Th. etwas conglomeratartigen Sandstein und Schieferthon, welche unmittelbar von einem sehr groben, rothen Quarzconglomerat aus Porphyr-Stücken — gewöhnlich Verrucano genannt — bedeckt werden. Dieser sog. Verrucano bildet bei Fünfkirchen die Grenzschicht gegen die darauf folgenden sog. St. Jacobsberger Sandsteine, — rothe, theilweise und zumeist in den tieferen Lagen noch conglomeratartige Sandsteine mit Schieferthonschichten, ähnlich dem Grödener Sandstein. Nach dem Hangenden zu gehen diese Gebilde ganz allmälig in feine rothe und grünliche, glimmerführende Schiefer vom Aussehen der Werfener Schichten mit *Myophoria costata* über und diese werden, wie im Profile W. von Caerkut deutlich zu beobachten ist, vom typischen Muschelkalk überlagert, so dass mithin in Ungarn eine den Bellerophonschichten entsprechende kalkige Zwischenlage sich nicht bemerkbar macht.

Aus dieser bezeichneten Schichtenreihung ergiebt sich mit Nothwendigkeit, dass die Glieder mit den Pflanzenresten entweder den tieferen Lagen des Buntsandsteins oder den postcarbonischen Bildungen gleichgestellt werden müssen. Aus der Region des untersten Buntsandsteins fehlt es nun ausserhalb der Alpen an genügendem Vergleichsmaterial für die alpinen Pflanzenreste, weil darin bis jetzt äusserst selten Versteinerungen gefunden wurden und deshalb stehen wir hier wieder vor der schwer zu entscheidenden Frage, wohin solche Grenzschichten zu ziehen sind, die um so schwieriger zu beantworten ist, als bekanntlich die früher angenommene scharfe Scheidewand zwischen Dyas und Trias thatsächlich nicht besteht (vergl. Woodward in geol. Mag. 1874 S. 385 und meine Mittheil. III. S. 69 und 70). Marcou hat ja geradezu Rotliegendes und Buntsandstein in eine Gruppe zusammengefasst. Die Zuweisung der Fünfkirchener Pflanzen-führenden Schichten zu den obersten Dyasschichten nach Heer beruht bis jetzt auf der Identität von vier Pflanzenresten: *Baiera digitata* Brogn., *Ullmannia Geinitzi* H., *Carpolithes Klockeanus* Gein. u. C. *Eiselianus* Gein, welche bei Fünfkirchen und zugleich im Kupferschiefer sich finden. Es fragt sich nun, ob bei der enormen Schwierigkeit der Bestimmung von Pflanzenversteinerungen in nicht immer gutem Erhaltungszustande die Identität der angeführten Arten in dem Grade gesichert ist, um die weittragenden Schlüsse einer Gleichalterigkeit der sie beherbergenden Schichten daraus abzuleiten. Dass mit den Formen des Kupferschiefers zunächst verwandte Arten bis in die Zeit der

Bildung des Buntsandsteins fortgedauert haben werden, darf wohl mit Sicherheit vorausgesagt werden.

Wenn nun auch aus Südtirol noch *Ullmannia Bronni* hinzukommt, so ändert dies kaum etwas in dieser Frage, zumal *Baiera digitata* von Neumarkt wohl identisch mit der Fünfkirchener Art ist, aber kaum mit jener des Kupferschiefers. Bei diesem Stande der Frage liegt der Schwerpunkt der Entscheidung offenbar in den Thierüberresten des Bellerophonkalkes. Die Fauna dieser Schicht neigt sich entschieden einer paläozoischen zu, wie dies von Dr. Stache zuerst hervorgehoben wurde, wenn wir bloss das Vorkommen von zahlreichen *Bellerophonarten* und den von Hrn. Dr. Stache genannten *Brachiopoden* ins Auge fassen, ja es machen sich dann selbst mehr Anklänge an ältere carbonische Typen, als an jüngere Dyastormen bemerkbar. Im Uebrigen aber trägt die Fauna ganz den Charakter jener der Werfener Schiefer, der Seisser- und Campiler-Schichten in den Alpen, der unteren und mittleren Triasbildungen ausserhalb der Alpen, wie die *Myophorien*, *Myoconchen*, *Aviculen*, *Naticellen*, *Pentacrinus* u. s. w. beweisen. Was vollends die Artenidentität mit Zechsteinspezies, die ja zunächst in Frage kommt, anbelangt, so haben die bisherigen Untersuchungen Stache's (Verh. d. k. k. geol. Reichs. 1876. 11 S. 258 u. ff.), dem ein sehr reiches Material vorliegt, noch bei keiner der bis jetzt gefundenen Form mit absoluter Sicherheit diese festzustellen vermocht. Was ich selbst an Thierresten aus diesen Schichten gesammelt habe, lässt kaum in einigen Arten eine annähernde Uebereinstimmung mit Zechsteinarten erkennen.

Ich beschränke mich, um nicht einer demnächst zu erwartenden Monographie Dr. Stache's vorzugreifen, auf einige wenige Bemerkungen über Exemplare, die ich selbst gesammelt habe und deren Zugehörigkeit zu dem Bellerophonkalk oder dem gelben Dolomite sicher ermittelt ist.

Zunächst fällt es mir in hohem Grade auf, dass mir von den *Brachiopoden*, die Dr. Stache erwähnt, nirgendswo etwas zu Gesicht gekommen ist. Es möchte desshalb, natürlich mit allem Vorbehalte, dass ich mich irre, die Frage anzuregen erlaubt sein, ob diese *Brachiopoden* vielleicht nicht aus einem schwarzen Kalke stammen, der zwar dem Bellerophonkalke petrographisch sehr ähnlich ist, aber doch einer älteren Schichtenlage angehört.

Von *Cephalopoden* habe ich nichts Erwähnenswerthes aufzuführen und über die verschiedenen Formen von *Bellerophon* nur zu sagen, dass sie sich dem bisher bekannten Typus aus dem Kohlenkalke — denn aus dem Zechstein kennen bis jetzt keine Art — aufs engste anschliessen.

Ein sehr gut erhaltenes Schalenexemplar einer Gastropode gehört dem

Geschlechte *Janthina* an, welches in paläolithischen Schichten Repräsentanten hat, aber auch noch lebend vorkommt. Nahe Verwandte sind die St. Cassianer Art *Natica Deshayesi* und die v. Hauer abgebildete *Natica maculosa?* Klipst. Daneben findet sich auch eine der *Natica (Naticella) costata* Mü. zunächst stehende Art. Ziemlich häufig bemerkt man ferner Steinkerne einer *Natica*, die sich sowohl der Dyasform *minima* Brown als noch mehr der *Gaillardoti* Lefr. der Trias anschliesst. Kleine hochgethürmte Gastropoden lassen sich auf *Turbonilla Phillipsi* Hows. (Dyas), wie auf *Holopella gracilior* (Campiler Sch.) beziehen, von anderen kleinen Gastropoden nicht zu reden, für die unter den Formen von St. Cassian leicht Analogien zu finden sind.

Ein kleines, plattes, stark gekrümmtes *Dentalium* erinnert an *D. Speyeri* Gein. (Dyas), noch mehr aber an *D. laeve* (Trias).

Unter den Muscheln, von welchen mit Ausnahme einiger Monomyarier meist nur Steinkerne erhalten sind, zieht zunächst eine mit gewissen Varietäten der *Avicula speluncaria* nahe übereinstimmende Form unsere Aufmerksamkeit auf sich. Bei dem unbestimmten Charakter aber, welcher dieser Dyasart zukommt — man sehe nur die Abbildungen bei Geinitz und King — darf meiner Meinung nach kein weittragender Schluss daraus gezogen werden, um so weniger, als kaum davon zu unterscheidende Formen in den Seisser Schichten als *Avicula inaequicostata* von Benecke und als etwas Fragliches??? durch v. Hauer (Denksch. d. Wiener Ak. d. Wiss. math.-naturw. Cl. 1850 Bd. II. Taf. XX Fig. 9) abgebildet und beschrieben wurden.

Am häufigsten finden sich Steinkerne, die man ohne Rücksicht auf das Schloss als zu *Schizodus truncatus* gehörig ansehen könnte. Sehr vollständige Abdrücke des Schlosses aber lehren, dass, da der gespaltene Zahn fehlt und der vordere hoch oben liegende Muskeleindruck von einer stark vorstehenden Leiste unterstützt wird, dieser Steinkern zu *Myophoria* gehört. Man kann sie demgemäss mit *M. ovata* vergleichen. Noch bemerkenswerther ist eine kleine stark gerippte *Myophoria* sehr ähnlich der *M. restita* aus der Formgruppe der *M. costata* Zenk.

Andere Steinkerne nähern sich der *Myoconcha gastrochoena* Dunk. viel mehr als den postcarbonischen *Pleurophoren*. Einige Formen hingegen neigen sich zu *Clidophorus Hollebeni* Gein.

Eine Gruppe kleiner *Gervillien* stimmt in einer Form sehr gut mit der Dyasart *G. ceratophaga* Schlot., eine andere mit *G. antiqua* Mü., während grössere Exemplare wieder mehr an *G. costata* Schl., selbst an die Gruppe der *G. socialis* erinnern. Es lassen sich weiter einzelne Steinkerne vergleichen mit: *Lithodomus rhomboidalis* v. Seeb., *Modiola triquetra* (v. Seeb) Ben., *Mya-*

cites fassaensis, *Tellina spec.* v. Hauer (a. a. O. T. XVIII F. 7). Ein besonders gut erhaltener *Pecten* aus der Formreihe des *P. grandaevus* und *alternans* erinnert lebhaft an den wohl viel höher liegenden *P. Margharitae* v. Hauer's (a. a. O. S. 122, S. XXI. F. 13). Eine zweite ähnliche Form ist mit *Pecten reticulatus* und *subalternans* von St. Cassian zu vergleichen. Ein höchst merkwürdiges Fragment ist *Janira*-artig und zeigt starke Rippen, zwischen welchen schmälere liegen; über beide laufen feine Radialstreifchen in grosser Anzahl. Dem *P. subfimbriatus* Aehnliches liegt mir nicht vor, dagegen noch ein kleiner glatter *Pecten*, den man mit gleichem Rechte dem *P. pusillus* Schlot. (Dyas) oder einer glattem Muschelkalkspecies und v Hauers *Pecten* spec. (a. a. O. Taf. XVIII F. 6) gleichstellen könnte.

Vieles Unbestimmte und Zweifelhafte übergehe ich und füge nur noch bei, dass sich auch zahlreiche Ueberreste von *Bryozoen* und *Crinoideen* finden. Die ersteren könnte man (abgesehen von dem äusserlich ähnlichen *Gyroporellen**)) der *Stenopora columnaris* Schlot. zutheilen, wenn man über den unter diesem Namen vereinigten Formknäuel im Klaren wäre. Ueber die *Gyroporellen*-ähnlich aussehenden Einschlüsse muss ich mir spätere genauere Untersuchungen vorbehalten.

Ausser kleinsten *Cidaris*-artigen Stacheln kommen *Crinoidenstiele* in Unmasse vor. Darunter nimmt ein *Pentacrinus* ähnlich dem St. Cassianer *laevigatus* Mü. eine erste Stelle ein. *Pentacrinus* fehlt mit einer Ausnahme in älteren, als Triasschichten. Sein massenhaftes Auftreten legt daher ein schweres Gewicht in die Wagschale der Altersbeurtheilung. Weit seltener kommen stielrunde Formen vor, die sich mit *Cyathocrinus ramosus* Schl. (Dyas) vergleichen lassen, aber dadurch ausgezeichnet sind, dass die Radialstrahlen der Gelenkflächen zahlreicher und der Nahrungskanal sich einer 5eckigen Form nähert.

Ich komme nun zu den *Foraminiferen*, bei deren Untersuchung ich mich in der dankenswerthesten Weise der sachkundigen Beihilfe meines früheren Assistenten Conr. Schwager's zu erfreuen hatte. Der Gesammteindruck dieser *Foraminiferen*-Fauna ist ganz entschieden der einer mesolithischen mit nur schwachen Anklängen an carbonische Arten.

Ich unterscheide zunächst zwischen solchen Formen, die ich aus von mir

---

*) Auch in dem rothen Muschelkalke mit *Ammonites Studeri* von der Schreieralp bei Hallstadt habe ich eine höchst merkwürdige, dicke Art *Gyroporella crassa* entdeckt, die sich durch einen Durchmesser von 12 Centimeter, durch niedere, nur 2—2½ Millim. hohe Gliederungseinschnürungen und durch 5 Reihen verhältnissmässig dünner Kanäle in jedem Gliede auszeichnet.

selbst an Ort und Stelle gesammeltem schlämmbarem Material isolirt habe und zwischen den nur in Dünnschliffen sich bemerkbar machenden, meist schwierig zu bestimmenden Arten. Unter der ersteren nimmt das Genus *Trochammina**) an Häufigkeit wohl die erste Stelle ein. Aber die Exemplare sind wegen ihrer Gebrechlichkeit schwierig ganz zu erhalten. Es sind zwei hervorstechende Arten, die sich mit den Dyasspecies *T. pusilla* Gein. und *T. gordialis* Park u. Jon. verwandt zeigen, aber hinreichend sich davon unterscheiden, um nicht damit identificirt werden zu können. Doch sind bekanntlich die *Trochamminen* nicht formbeständig und reichen überdiess vom Kohlenkalke bis in die Jetztzeit. Manche Dünnschliffe strotzen wahrhaft von Durchschnitten, die wohl auf die grössere vielfach verschlungene Art zu beziehen sein dürften. Daneben ragt das Genus *Valvulina* besonders durch häufiges Auftreten hervor. Es scheinen zwei Arten vertreten, die an die *V. bulloides* Brad. erinnern, jedoch deutlich Lippenwülste an der Mündung zeigen. *Valvulina* findet sich zwar reichlich im Kohlenkalke, — nicht im Dyas — beginnt dann wieder in der Kreide und reicht bis in die Jetztzeit herein; das Geschlecht ist daher ein neutrales.

Wir schliessen hier minder gut erhaltene Formen an, die mehr an *Rotalien* als an *Endothyren* erinnern. Die Schalenstruktur ist nicht deutlich genug, um diess Genus bestimmen zu können. Dagegen tritt uns sehr bestimmt das Genus *Lingulina* in mindestens zwei charakteristischen Formen entgegen. Ihr Charakter ist durch Dünnschliffe festgestellt. Dieses Geschlecht ist, soweit bekannt, in älteren als mesolithischen Schichten nicht vorhanden. Ebenso *Bulimina*, die durch eine Art vertreten ist. Dann kommt *Cristellaria* und eine gradgestreckte Form, die an *Nodosinella* durch ihre dicke Schale erinnert.

In hohem Grade befremdend ist das Fehlen von für die Dyasschichten so charakteristischen *Nodosarien*, *Dentalinen* und *Textularien*, die, um diess zum Voraus zu bemerken, auch in den zahlreichen Dünnschliffproben sich nicht bemerkbar machen.

Was nun die in den Dünnschliffen beobachteten Durchschnitte von *Foraminiferen* anbelangt, so geben sich wohl Formen der Geschlechter *Trochammina*, *Valvulina*, *Lingulina* und *Cristellaria* deutlich zu erkennen, aber ausser diesen begegnen dem Auge noch zahlreiche, meist sehr kleine Durchschnitte, die sich nicht ohne weiteres bestimmten Geschlechtern zuweisen lassen. Ich habe Dünnschliffe des *Foramiferen*-haltigen Zechsteins anfertigen lassen, um auch in dieser Richtung Vergleichungsmaterial zu gewinnen, finde aber, dass die im

---

*) Dass *Serpulla pusilla* Geinitz des Zechsteins gleichfalls eine *Trochammina* sei, scheint mir kaum zweifelhaft (*Trochammina pusilla* Gein. Spec.).

Bellerophonkalke wahrnehmbaren nicht weiter bestimmbaren *Foraminiferen*-Durchschnitte nicht den in letzteren beobachteten Formen entsprechen, vielmehr jenen des ungemein *Foraminiferen*- und *Ostracoden*-reichen rothen Muschelkalkes der Schreieralp mit *Ammonites Studeri*, und des schwarzen *Brachiopoden*-führenden alpinen Muschelkalks, ja sogar denen des oft von Foraminifereneinschlüssen strotzenden rothen Liaskalke eher sich anschliessen.

Ich habe auch die Ansicht H. B. Brady's, der soeben eine Monographie der Carbon- und Dyasforaminiferen veröffentlicht hat und wohl der gründlichste Kenner speziell dieser älteren Foraminiferenfauna ist, zu Rath gezogen, indem ich ihm meine Erfunde zur Beurtheilung vorlegte. Hr. Brady neigt sich zur Ansicht, dass diese *Foraminiferen* eher einer mesozoischen, als paläozoischen Fauna angehören. Auch in Bezug auf die *Ostracoden* hatte Hr. B. Brady die Güte, mir die Ansicht seines Bruders Dr. G. S. Brady, des gründlichen Kenners der *Ostracoden* mitzutheilen. Derselbe kam nach Untersuchung der ihm von mir vorgelegten Exemplaren aus den Bellerophonschichten zu dem gleichen Schlusse, dass diese *Ostracoden* mehr den mesolithischen, als den paläozoischen Typus erkennen lassen, sicher nicht mit Dyasarter ident sind, vielmehr sich den Formen des Lias nähern. Ich erhielt auf der anderen Seite durch die Gefälligkeit des Hrn. Bökh unzweifelhaft dem Muschelkalk angehörigen, von *Ostracoden*-Einschlüssen strotzenden Kalk, dessen *Ostracoden* ausserordentlich grosse Aehnlichkeit mit jenen der Bellerophon-Schichten besitzen.

So sehen wir demnach in dieser Fauna nach beiden Seiten hin Anklänge und Verwandtschaften, aber keine sicheren Identitäten mit Zechsteinarten von charakteristischem Typus, ein Umstand, der höchstens als ein Zeichen des Charakters von Uebergangsbildungen zwischen verschiedenen Formationen gedeutet werden dürfte. Da wir aber im ausseralpinen Gebiete keine solche entsprechende Grenzschichten zwischen Dyas und Trias oder tiefste Triasglieder mit Versteinerungen kennen, die zur Vergleichung beigezogen werden könnten, so wird die endgültige Entscheidung der Zutheilung zu der höheren oder tieferen Schichtenreihe vorerst noch ausgestellt bleiben müssen. Wir haben zunächst die weiteren Untersuchungen Dr. Stache's abzuwarten; ergiebt sich daraus eine volle Identität ganz typischer Formen des Bellerophonkalks mit ausgeprägten Zechsteinarten, dann liegt kein Grund mehr vor, den Ullmannien-Sandstein und die Bellerophonschichten nicht als alpine Facies der oberen Dyas oder einer Grenzschicht gegen den Trias anzuerkennen.

Wie die Entscheidung auch ausfallen mag, diese Schichten haben bereits für die Alpengeologie eine hohe Bedeutung gewonnen. Es knüpft sich hieran zunächst eine andere sehr interessante Erscheinung. In den Südalpen habe ich durch neuere Untersuchungen festgestellt, dass die im Sexten- und Grödenerthale intensiv schwarzen Bellerophonschichten weiter nach Süd durch gelbverwitternde, z. Th. oolithische, oft Kupfererze führende Dolomite ersetzt werden. Diese Facies der gelben Dolomite beginnt am SW.-Abfall des Schlern und lässt sich südlich durch die Trientiner Gegend bis Recoaro verfolgen, wo die Schicht 2 (s. meine Mitth. III. Sitz. d. Akad. 1876 S. 78) dieselbe vertritt. Was aber dieser Facies noch ganz besonderen Interesse verschafft, das ist eine neben der dolomitischen Entwicklung stellenweis vorkommende Ausbildung zu einem dichten, weissen, bisweilen röthlichen Kalk mit Kupfererzen, wie im Trudenthale bei Neumarkt und in der Trientiner Gegend. wo zahlreiche alte Kupfergruben in diesem Gestein sich vorfinden. Das alles erinnert aufs lebhafteste an den Schwazer Kalk in den Nordalpen, den ich deshalb nach seiner Lagerung nur für eine weitere Facies dieser Schichtenreihe der Bellerophonkalke halte. Dass es in den Nordalpen an analogen Bildungen, wie Grödener Sandstein und Bellerophonkalk. nicht fehlen wird, dürfte sicher vorauszusetzen sein. Aber dennoch möchte ich nicht allen rothen Sandstein im nordwestlichen Tirol ohne Weiteres dem Grödener Sandstein gleichstellen, wie man gethan hat. Denn im Stanzer Joche hat ja Pichler bekanntlich die Schichten mit *Myophoria costata* noch bestimmt nachgewiesen und bei dem Verfolgen des ganzen Schichtensystems, wie es bei Werfen ausgebildet ist, westwärts durch Nordtirol lässt sich bis zum Rheinthale das Fortstreichen der Werfener Schichten erkennen, an deren Basis erst die rothen Sandsteine und die Verrucano genannten Conglomerate liegen. Wie sich diese Schichten den Südtiroler gegenüber verhalten, ist nur durch erneuertes Studium festzustellen. Ich habe mit den frischesten Eindrücken der südalpinen Verhältnisse im letzten Herbste bei meiner Rückkehr in Innsbruck unter der freundlichen Begleitung Pichler's den Flöttinger Graben besucht, um vielleicht Analogien zu finden. Leider erschweren hier die endlose Zertrümmerung der Schichten und die Unterbrechungen der Profile durch massenhaften Geröllschutt die Orientirung. Nur der schwarze dolomitische, Kupfererz-führende Kalk unterhalb des sog. Wasserfalles, den auch schon Pichler (Jahrb. d. geol. B. 1856. VII. S. 722) hervorhebt, erinnert lebhaft an den Bellerophonkalk. Dünnschliffe lassen aber darin keinen Einschluss der für den Bellerophonkalk so charakteristischen *Foraminiferen* wahrnehmen. Die weisse Facies des Schwarzen Kalkes ist schon oben erwähnt worden. Südlich von Brixlegg nehmen die dafür eintretenden dunklen Kalke und Dolomite wieder mehr den Charakter des Südtiroler Gesteins an und bei Wörgl besonders am Nordfusse der hohen Salve finden sich Bänke hellfarbiger Kalke und Dolomite mit groben Conglomeraten in engstem Zusammenhange, die gleichfalls hier in Betracht zu ziehen sind. Dass die auf meiner Alpenkarte auf der Höhe der h. Salve irrthümlich als Muschelkalk verzeichneten Gesteine nicht dem Muschelkalke angehören, sondern viel älter sind, möchte ich bei dieser Gelegenheit bemerken und der Berücksichtigung empfehlen.

Weiter ostwärts muss die Aufmerksamkeit bei späteren Untersuchungen auf kalkige Zwischenschichten in dem System der rothen Sandsteine und Schiefer und auf sorgfältige Beachtung der Lagerung vieler sog. Guttensteiner Kalk gerichtet werden, um etwa das Aequivalent der Bellerophonschichten auch in den Nordalpen aufzufinden. Es weisen darauf gewisse durch Verwitterung gelbliche dolomitische Lagen im Saalfeldischen und bei Berchtesgaden hin. Bei Hüttau fand ich am Eingange des Larzenbachgrabens sericitische Phyllite mit vielen, die bekannte Erze — Fahlerz, Kupferkies, Schwefelkies, Spatheisenstein — einschliessenden Quarzlinsen. Auf diese folgen auflagernd sehr mächtige grünliche und röthliche Quarzite mit Zwischenlagen einer hellen Rauhwacke (Steinbruch am Seitnerlehen), noch höher etwa bei der Pettringer Alp kalkige Schichten, gelbe flaserige Kalke, grünliche Schiefer, Rauhwacke und mit diesen wechsellagernd schwarzer Kalk, auf welches Schichtensystem dann erst die typischen Werfener Schiefer sich einstellen. In dieser oberen Gesteinsreihe dürfte auch ein oder das andere Glied von bisher vermissten Schichten zu finden sein. Selbst N. vom Bahnhofe Weissenbach bei Altenmark tauchen unter dem Gosauconglomerate bunte, Gyps-führende Schiefer auf, zwischen welchen schwarze Kalke und dolomitische Lagen eine auffallende Stellung einnehmen. Vielleicht gelingt es da oder dort in den schwarzen Kalken durch Gesteinsdünnschliffe charakteristische Foraminiferendurchschnitte aufzufinden, die uns orientiren könnten.

Eine zweite, besonders technisch wichtige Eigenthümlichkeit dieser rothen Sandsteine und Schieferthonbildungen der Alpen ist die Einlagerung von Gyps und Steinsalz in denselben. Dieses Vorkommen ist vielfach sicher gestellt. In neuester Zeit ist aber die Ansicht ausgesprochen worden, dass die alpinen Salzstöcke des Salzkammerguts den Schichten der oberen Trias eingelagert wären. Was Berchtesgaden mit Hallein anbelangt, so ist die Zugehörigkeit des Grundstocks dieser Salzbildung zu dem System der Werfener Schiefer durch das häufige Vorkommen von Steinsalzpseudomorphosen oder theilweise ausgefüllten Höhlungen im rothen Sandstein und überdiess noch durch den Aufschluss von Steinsalz in rothen Schichten des Flottersbach bei Reichenhall in höchstem Grade wahrscheinlich gemacht. Dazu kommt, dass in dieser ganzen Gegend mächtige Massen von Gyps dem Werfener Schiefer eingelagert sind. Im Bachmannsgraben sieht man derartige Aufschlüsse und an der Achen bei Illsang stehen Gypslager im bunten rothen Schiefer an, die von thonigsandigen Schichten mit *Pleuromya fassaensis*, grauem mergeligem Kalke erfüllt von *Naticella costata* und noch höher von schwarzem Muschelkalke, wie am Achselmannstein bei Reichenhall, überlagert werden. Dieser Gyps steht mit salzführenden Bildungen in Verbindung, die sich bis zur Schönau erstrecken.

Wie verhält sich nun der eigentliche Berchtesgadener Salzstock hierzu? Die Aufschlüsse im Salzbergbau lehren hier, dass man sich die Salzstöcke, wie sie jetzt bestehen, nicht als durchweg ursprüngliche Bildungen vorstellen darf. Im Berchtesgadener Salzberg ist nur ein beschränkter Theil der Aufschlüsse in dem ursprünglichen Grundstock geführt. Man kann hier sehr gut mindestens eine zweifache Regeneration der Salzbildung erkennen. Die älteste Lagerung, wie sie sich namentlich im König-Ludwig-Stollen und an anderen Stellen der tieferen Baue theilweise erhalten zeigt, umschliesst deutlich zwei Hauptsalzschichten, nämlich den hangenden Vierstückzug mit vorherrschend rothem, nur in der Mitte weissem und grauem Steinsalz, mit vielen im Fortstreichenden unterbrochenen, flasrig welligen Linsen, begleitet von Anhydrit und Polyhalit. Ein im König-Ludwig-Stollen etwa 100 Mtr. mächtiges Zwischenlager dolomitischer Mergel — sog. Haselgebirge — mit einzelnen schwarzen Steinsalzstreifen trennt den oberen Zug von dem liegenden K. Franzzug (10-18 Mtr. mächtig), dessen Steinsalz weiss oder grau gefärbt, gradstreifig, nur gegen den Rand röthlich ist. Das Liegende dieses Hauptsteinsalzflötzes ist hier nicht mehr aufgeschlossen, dagegen legt sich nach vorn dem Stollenmundloch zu erst ein zerstückeltes Salzgebirge an und noch mehr gegen Tag stellen sich endlich völlig umgestaltete, verworrene salzführende Bildungen ein. In den oberen Stollenhorizonten findet man, dass hier die Schichtenköpfe der Salzstriche grössten Theils zerstört sind und dass sich über diese in fast schwebender Lage ein verworrenes, reich gesalzenes, aber nur wenige und schwache Striche reinen Steinsalzes einschliessendes, regenerirtes Salzgebilde ausbreitet, in welchem zahlreiche Trümmer und Klötze von jüngeren Kalkfelsmassen von oft 30 Mtr. Durchmesser (Wettersteinkalk, Hauptdolomit, selbst Bruchstücke von rothem Sandstein) eingesenkt und rings vom sog. Haselgebirge umhüllt eingebettet sind (Petersberg, Ludwigsberg). In den tieferen Stollen des Ferdinands- und Frauenbergs hat man auf Seitenstrecken, wie in der Pfalz-Birkenfeldschachtricht (Strecke) den K. Franzzug durchschnitten, statt des hangenden Zugs aber findet sich hier wirrgelagerter Mergel ausgebreitet, auf welchem der Fleckenmergel mit *Estherien* und den *Ammoniten* vom St. Cassianer Typus (*Amm.*

debilis, Amm. cf. *Eryx*) folgt. Dieser Fleckenmergel entspricht wohl dem Ausseer Cementkalk und den Zlambach-Schichten, die in offenbar verstürzter Lage auf den Salzschichten ruhen. Wie zerstört und durch enorme Zusammenfaltungen und Brüche aus der normalen Stellung verrückt die jetzige Lage der salzführenden Schichten angenommen werden muss, darüber giebt ein in neuerer Zeit abgeteuftes Gesenk im K. Franz Sinkwerk an der Stelle des von mir erwähnten (Geogn. Besch. d. bayer. Alpengeb. Bd. 1. S. 175) alten Bohrlochs lehrreichen Aufschluss. Dieses Gesenke ist 145,4 Mtr. tief und reicht 139,3 Mtr. unter den Wasserspiegel der benachbarten Achen. In dem oben nach S. einfallenden Steinsalzstriche des K. Franzzugs angesetzt durchteufte es diesen Salzstrich, dessen Schichten sich sofort umbiegen und nun nach N. einfallen, bei 32,8 Mtr. Tiefe. Durch eine in 59,5 Mtr. Tiefe ins Hangende getriebene Strecke überzeugte man sich, dass auch hier der K. Franzzug noch nördliches Einfallen besitzt. Weiter wurden nun in grösserer Tiefe unter dem Salzstock aufgeschlossen:

1) wenig Salz-führender regelmässig gelagerter Mergel bis . . 66,6 Mtr.
2) Mergel mit vielen kleinen Linsen von rothem Steinsalz und Anhydrit (? Vierstückzug) . . . . 98,1 „
3) Wirrgelagerter mürber Mergel . . . . 126,1 „
4) Fleckenmergel und -Kalk mit den oben erwähnten Versteinerungen bis ins Tiefste . . . . 145,4 „

Wir finden daher in der bis jetzt in dem Salzgebirge von Berchtesgaden erreichten grössten Tiefe ganz denselben Fleckenmergel als Unterlage, den wir in den oberen Sohlen als Decke über dem Salzgebirge angetroffen haben. Eine solche Zusammenknickung der Schichten muss uns zur äussersten Vorsicht in unserm Urtheile über die Lagerungsverhältnisse dieser Schichten mahnen. Dürften wir nun nicht annehmen, dass die Stellung, in welcher die salzführenden Schichten zu dem Fleckenmergel hier stehen, ein abnormer und ein durch Dislokationen bewirkter sei, dann allerdings müsste der Salzstock von Berchtesgaden der jüngeren, den Partnachschichten entsprechenden Reihe von Fleckenmergeln eingelagert sein, und gleichsam als eine Regeneration aus der weit älteren Salzbildung, die sicher auch hier im Buntsandstein vorhanden ist, angesehen werden.

12) Die Jurabildungen in den Alpen.
(Anmerkung 12 zu S. 27).

In verhältnissmässig sehr namhafter Weise hat sich in jüngster Zeit die Kenntniss der jurassischen Ablagerungen in unseren Alpen erweitert. Den

Hauptanstoss hierzu gab Oppel's epochemachende Arbeit kurz vor Abschluss seines nur zu kurzen Lebens durch die Abhandlung über die sog. tithonische Stufe, an welche sich, sowie über die Stellung des französischen „Corallien" eine für die Wissenschaft ungemein fruchtbare Discussion anreihte. Wir wissen jetzt, dass sowohl die, soweit bekannt, ältesten in den Alpen nachgewiesenen Schichten über dem Lias die rothen Gardakalke mit *Ammonites Murchisonae*, *A. fallax* u. s. w. auch in unseren Nordalpen bei Hohenschwangau auftauchen, als dass auch die zuerst aus nur vereinzelten Fundstellen bekannten sog. Klausschichten mit *Posidonomya alpina* eine weitere Verbreitung in den Süd- und Nordalpen, hier namentlich in der Umgegend von Füssen besitzen. Insbesondere sind es die der Kellowaybildung entsprechenden, sog. Vilser-Kalke mit *Terebratula pala*, *antiplecta* u. A., welche nach und nach durch den ganzen Zug unserer Alpen ausgebreitet sich zeigen. Wir nennen von O. nach W. fortschreitend zuerst Staufeneck bei Berchtesgaden (Gümbel, Sitz. d. Akad. 1866 II. 180), dann bei Beilehen unfern Teisendorf (Winckler N. Jahrb. 1863 S. 609) an der Bayerspitz bei der Bayeralp (Emmerich, Gümbel) am Kreuzgraben bei Staudach, (Oppel, Gümbel, Waagen), am Riesenkopf bei Oberaudorf (v. Schafhäutl) und an mehreren Stellen von Hohenschwangau bis Vils und zum Fusse des Aggensteins.

Weit spärlicher ist der Fortschritt in der Kenntniss der weiteren Ausbreitung der eigentlichen Juraschichten, von welchen die ältesten Lagen bis jetzt kaum mehr als angedeutet gefunden worden sind, wie im rothen Kalke des Rothensteins bei Pfronten mit *Ammonites transversarius*, welche Oppel entdeckte, während die der ausseralpinen Schichtenreihe mit *Ammonites tenuilobatus* im Alter gleichstehenden Bildungen, die durch den Einschluss von *A. acanthicus* charakterisirt sind, wie Benecke zuerst in den Südalpen nachgewiesen hat, bei uns speciell, wenn nicht im rothen Kalke der tieferen Schichten am Haselberg und bei Aschau, nicht weiter mit voller Bestimmtheit angegeben werden können.[*]

Dagegen gehören die obersten Jurabildungen, die Schichten mit *Terebratula diphya*, die Oppel eigentlich die tithonischen nannte, und

---

[*] Ich benutze diese Gelegenheit anzuführen, dass ich im letzten Herbste aus dem rothen Kalke des Plateaus vom h. Kreuzberg bei St. Cassian aus der Nähe der Gr. Panisalpe erhalten habe: *Ammonites verruciferus* Men. u. *A. contiguus* Cat. aus der unteren Tithonstufe. (Vergl. Loretz u. H. d. d. Geol. Ges. 1874. R. 471).

die Neumayr neuerlich in die zwei Stufen des *Ammonites semiformis* und *Am. transitorius* scheiden lehrte, bei uns zu den verbreitetsten, es sind dieses nämlich die sog. Ammergauer Wetzstein- oder Aptychenschiefer. Zwar konnten die Diphyenkalke selbst, d. h. die Bildungen, in denen *Terebratula diphya* wirklich gefunden wird, bis jetzt nur an wenigen Stellen nachgewiesen werden. Oppel selbst kannte aus unseren Alpen nur ein einziges dürftiges Exemplar vom Haselberg, und Waagen (Geogn. palaeont. Beitr. v. Benecke I. S. 252) führt einen weitern Fund gleichfalls vom Haselberg an. Ein vorzüglich erhaltenes Exemplar liess ich neuerdings in der dem Haselberg benachbarten Nestelau sammeln und in den letzten Tagen war Assistent Dr. v. Ammon so glücklich, unter den weissen Wänden am Wendelstein in den rothen schiefrigen Kalke eine bestimmbare *Terebratula junitor* zu entdecken. Durch diese Funde ist die Zugehörigkeit der Aptychenschichten zu den Diphyenkalken ausser Frage gestellt und damit eine ausgedehnte Verbreitung dieser jüngsten Jurabildungen durch den ganzen Zug unserer Alpen nachgewiesen.

13) Jüngste cretacische Bildungen in den bayer. Alpen.
(Anmerkung 13 zu S. 27.)

Auch in der Kenntniss der cretacischen Ablagerungen der Alpen ist neuerlichst eine wesentliche Bereicherung zufolge einer Entdeckung von Prof. Zittel namhaft zu machen. Derselbe fand nämlich am Burgbühl von Oberstdorf im Allgäu in einem dem Galtgrünsand täuschend ähnlichen Gestein mehrere sehr charakteristische Arten der Senonstufe: *Echinocorys vulgaris*, *Ventriculites* spec. cf. *Oeyninghausi*, *Terebratulina chrysalis*, *Oxyrhina Mantelli*, *Ostrea cf. lateralis* u. s. w. Ein ähnlicher Grünsand steht auch am Fusse des Grünten ober Burgberg an. Er galt bis jetzt, da er nur undeutliche *Ostreen*, die für *Ostrea Brongniarti* gehalten wurde, und spärliche Echinodermen-Reste umschliesst, als eine Zwischenschicht zwischen den noch cretacischen Seewenbildungen und den bereits tertiären Nummolitenschichten (vergl. M. Geogn. Beschr. d. Alp. I. S. 583). Ich bin jetzt keinen Augenblick mehr im Zweifel, dass auch dieser Burgberger Grünsandstein demselben Niveau der obersten cretacischen Schichtenreihe angehört, wie jener am Burgbühl, was durch den von H. v. Barth gemachten Fund eines dem *Micraster cortestudinarium* sehr nahe stehenden Echiniden eine erwünschte Bestätigung erhält. Dieser Grünsandstein ist daher fortan als unbestimmte Zwischenbildung zu streichen.

14) Die Schllerschichten am Rande der Traunsteiner Alpen.
(Anmerkung 14 zu S. 27.)

In meiner geognostischen Beschreibung des bayerischen Alpengebirgs habe ich (S. 700) das Vorkommen von Fischresten an der sog. „blauen Wand" (eigentlich genauer: Burgstall) bei Traunstein angeführt, und bemerkt, dass sie in Lagen über denjenigen Schichten sich finden, die ein Pechkohlenflötz zwischen Molassesandstein und Conglomerat einschliessend als zu den oberbayerischen Cyrenenschichten gehörig betrachtet werden müssen.

Ich habe inzwischen diese Fischschiefer des Burgstalls weiter aufdecken lassen und zahlreiche Reste von Fischen, die noch einer näheren Bearbeitung harren, erbeutet. Sie liegen in einem dünnspaltenden, kreideartig weichen, weissen Gestein, welches zu seiner Unterlage die Blättermolasse, d. h. die Grenzlage gegen die noch tieferen Cyrenenschichten des Hochbergs hat.

Dieses weiche Gestein besteht zu grossem Theil aus den Kieselresten von *Diatomeen* und *Radiolarien* (ersterer vorherrschend *Coscinodiscus*), wodurch seine kreidige Beschaffenheit bedingt wird, es ist eine Art Polierschiefer. Behandelt man diesen Diatomeenschiefer mit mässig starker Aetzkalilösung während längerer Zeit in der Kochhitze, so löst sich zunächst nur die Kieselsäure der Diatomeen — 14%0 —. Der Rückstand zeigt unter dem Mikroscop fast nur mehr zahlreiche *Radiolarien*, deren Kieselskelet erst nach längerem Kochen mit concentrirter Kalilauge grossentheils auch in Lösung geht. Man erhält dann weitere 11%0 Kieselsäure aufgelöst mit einem Theil der organischen bituminösen Bestandtheile. Verdünnte Salzsäure zieht nur weniges aus, nämlich ungefähr 5%0 kohlensauren Kalk, 0,5%0 kohlens. Bittererde und 0,11%0 eisenhaltige Thonerde. Nach der Behandlung mit Kalilauge und verdünnter Salzsäure bleibt noch ein Rückstand, der als Thonschlamm gedeutet werden muss von der Zusammensetzung: 64%0 $Si. O_2$, 30%0 eisenhaltige $Al_2 O_3$ und 6%0 organische Beimengungen.

Die Zusammensetzung des Schiefers im Ganzen dagegen ist folgende:

Kieselerde	63,94
Thonerde	16,92
Eisenoxyd (mit Oxydul) .	4,22
Manganoxydul	Spuren
Kohlensaure Bittererde .	0,81
Kohlensaure Kalkerde .	5,27
Kali	0,46
Natron	0,18
Phosphorsäure	0,32
Organisches und Wasser	8,42
	100,54

Sehr häufig liegen auf den Schichtflächen *Meletta*-Schuppen (*M. cf. sardinites*), vereinzelt der weissschalige *Nautilus Aturi* und stark verdrückte Muschelreste. Es folgen auf die fischreichen Diatomeenschiefer aufwärts weiche grünlich graue Mergel mit Gyps und Kochsalzspuren, wie schon der Name des Berghangs, wo sie entblösst sind, Sur- d. h. Sauerberg andeutet. In noch höheren Lagen kommen dann die versteinerungsreichen, glimmerig sandigen, dem sog. Schlier ähnlichen Mergel von der Haselmühle und vom Hammer in Traunstein, deren Versteinerungen ich (a. a. O. S. 775) aufgezählt habe, vor. Die neueren Publicationen von H. Dr. R. Hoernes (Jahrb. d. k. k. geol. Reichs., 1875. XXV. S. 333 u. ff.) über die Schlierfauna von Ottnang setzen mich nun in die Lage, dieses Verzeichniss nach dem von mir gesammelten und von der Pauer'schen Sammlung an das hiesige paläontologische Museum übergegangenen Material wesentlich zu verbessern:

Nautilus Aturi Bast.
Conus Dujardini Desh.
Buccinum subquadrangulatum R. H.
Cassis Neumayri R. H.
Fusus Haueri R. H.
Cancellaria Suessi R. H.
Pleurotoma rotata Brocc.
Scalaria amoena Phil.
Natica helicina Brocc.
Dentalium intermedium R. H.
Anatina Fuchsi R. H.
Corbula gibba Olivi.

Mactra triangula Ren.
Tellina ottnangensis R. H.
Lucina Dujardini Desh.
 „ *Wolfi* R. H.
 „ *ottnangensis* R. H.
Nucula Mayeri M. H.
 „ *Ehrlichi*.
Leda subfragilis R. H.
 „ *pellucidaeformis*. R. H.
Arca diluvii Lam.
Pina Brocchi d'Orb.
Brissopsis ottnangensis R. H.

Dazu kommen als höchst wahrscheinlich identisch, aber wegen schlechter Erhaltung nicht vollständig sicher bestimmbar:

Ringicula spec. aff.: *buccinea* Desh.
Schizaster cf. *Laubei*. R. H.

Ueberdiess liegen in der paläontologischen (P) und in der geognostischen Sammlung (G) noch folgende Formen*) unter der Bezeichnung:

Calyptraea deformis Lam. (P)
Dentalium spec. (G)
Anomia striatula (G)
Polia legumen Linn. (P G)

Lutraria Sanna Bast. (P)
Ericyna ambigua Mich. (P)
Leda Mayeri Gümb. (P)
Pecten opercularis Lam. (G).

---

*) Andere Versteinerungen haben sich bei näherer Untersuchung als nicht von diesen Fundstellen abstammend erwiesen, weshalb sie hier nicht angeführt sind, wie z. B.: *Xenophora*, *Limopsis* etc.

Es stimmen mithin unter 34 aufgefundenen Arten 24 ganz genau, und mit Zurechnung von wahrscheinlich identischen Arten 26, also je 70% oder 76% mit jenen des Schliers von Ottnang überein.

Unter den identischen Arten sind nun mehrere grade für den Ottnanger Schlier höchst charakteristische Formen, so dass man wohl berechtigt ist, die Traunsteiner Schichten dem Schlier im Alter gleich zu setzen. Damit haben wir die interessante Thatsache festgestellt, dass der Schlier unmittelbar am Alpenrande und in unmittelbarer Reihung mit den übrigen subalpinen Tertiärschichten im östlichen Theile des bayerischen Gebiets sich einstellt, während er westwärts vom Inn fehlt. Wir finden mithin im Traunthale von der Brücke von Siegsdorf an bis Traunstein und wenn wir die Aufschlüsse bei Mähring und am Waginger See mit hereinziehen, folgende Tertiärschichtenreihen von oben nach unten in ziemlich selbstständigen Entblössungen vertreten:

1) Schichten mit *Ostrea crassissima* Lam. am Waginger See. (Helvetische Stufe I. Mayer.)
2) Glauconitische Mergel von Mähring.
3) Schlier von Traunstein mit Diatomeen-Fischschiefer als Repräsentanten der obersten Abtheilung der ersten Mediterranstufe oder der Schichten von Saucats.
4) Die oberoligocänen Cyrenenschichten.
5) Die mitteloligocänen Mergel des versteinerungsreichen Thalberggrabens.
6) Die Fischschiefer mit *Meletta crenata*, *Palaeorrhynchus*, wie von Glarus, an der Brücke bei Siegsdorf aufgeschlossen.

15) Erratische Bildungen.
(Anmerkung 15 zu Seite 30).

Die neueren Fortschritte in der Kenntniss der erratischen Erscheinungen innerhalb unseres Alpengebirgs mit der ihm vorgebreiteten Hochebene habe ich kurz im „Abriss d. geogn. Verhältnisse d. Tert. u. d. Alpeng. zw. Tegernsee und Wendelstein 1875 S. 22" berührt. Meine jüngst in dem westlichsten Gebiete fortgesetzten Untersuchungen bis zum Bodensee hin gestatten jetzt einige wenige weitere Beiträge anzufügen.*)

---

*) Vgl. Gümbel Gletschererach. aus der Eiszeit Sitz d. Ac. 1872. S. 223; Stark, d. bayer. Seen und die alten Moränen Z. d. d. Alpenvereins. IV. 1873; Zittel, Ub. Gletsch. d. b. Hocheb. Sitz. d. Ac. 1874; Clessin in Corresp. d. zool. Min.-Vereins in Regensburg 1875; Lenz, Err. Erschein. in N. Vorarlberg. Verh. d. geol. R. 1874; Probst, Ub. d. Topog. d. Gletscherach. in W. Oberschwaben in Württ. Jahresb. 1874 u. s. w.

Zunächst ist zu constatiren, dass im Anschlusse an die bereits näher bekannte Ausdehnung der Glacialablagerungen bis nördlich von Starenberger See schon die eigenthümliche Oberflächengestaltung, für welche man sich der Kürze wegen des Ausdrucks „Gletscherlandschaft" bedient, uns von da an westwärts über den Nordrand des Ammersee's über Türkenfeld nach Beuerbach bis zum Lech die weitere Ausbreitung des Glacialschutts verräth. Westlich vom Lech sind es die Eisenbahneinschnitte zwischen Buchloe und Mindelheim, die uns Aufschlüsse liefern. Im grossen Mattseer Einschnitte liegt oben Löss über wohlgeschichteten, bankweise gesonderten Gerölllagen, in denen man die Zeichen erratischen Ursprungs vermisst, während im Itaminger Einschnitte eine unter gelblichem Letten sich ausbreitende Lage wirren graulichen Thons mit eingebetteten Geröllstücken und grösseren theils polirten, theils gekritzten Blöcken das erratische Diluvium anzeigt. Hier scheint die nördliche Verbreitungsgrenze nahe vorbei zu streichen. Noch weiter westwärts aber hat es den Anschein, dass an dem Wertach- und Illergebiete ähnlich, wie an der Salzach, die Glacialerscheinungen verwaschen sind. Denn ich konnte bei Günzach in der Richtung gegen Grünegg und Reinhardsried in keiner Kiesgrube gekritzte Geröllstücke beobachten, die erst etwas N. von Büchel, jedoch hier erst noch spärlich sich zu zeigen beginnen. Ebenso entbehrt die Umgegend von Memmingen, sowohl in der Richtung nach Volkertshausen, Ferthofen, Kardorf und Dickenreis, als auch nach Ottobeuern, Guggenberg und Bibelsberg der gekritzten Gerölle. Der über diese Bezirke ausgebreitete, die wohlgeschichteten Lagen von Geröll überdeckende gelbe Lehm mit harten Rollstücken scheint bereits dem Abfluss des Wassers eines mehr südlich endigenden Gletschers seine Entstehung zu verdanken. Ich fand hier erst bei Strimo S. von Legau anstehende Molassefelsen deutlich in der Richtung von SO. nach NW. gestreift und von einer dünnen Lage gekritzten Gerölles überdeckt. Von da südwärts bis zum Bodensee fehlt es nun nirgendwo an den ausgesprochenen Zeichen der Glacialbildung. Ich mache besonders auf die wirklich grossartigen Gletscherschliffe aufmerksam, die dicht bei Kempten in einem Steinbruche neben der Eisenbahn, wo sich die Eisenbahn in die nördliche und südliche Linie gabelt, auf der von Geröllschutt befreiten Oberfläche des Molassesandsteines mit tiefen S.—N. Streifen zu sehen sind. Die Decke besteht aus einer 2" mächtigen Lage thonigen, wirren Gerölls mit gekritzten Rollstücken. Westlich von Kempten gehen die vielfach aus Nagelfluh bestehenden Tertiärschichten fast überall zu Tag aus und zeigen nur stellenweise eine dünne Lage erratischer Geschiebe an den Flanken. Auch im ganzen Kempter Walde sind die erratischen Ablagerungen zwar bestimmt vorhanden, aber schwierig aufzufinden. Hinter dem Quellbau bei Bad Sulz habe ich Gletscherschliffe und erratisches Geröll constatirt. Deutlicher prägt sich wieder in der Umgebung von Immenstadt zwischen den wie Barriere wirkenden parallellaufenden Bergrücken von Tertiärconglomeratfelsen auch in der Landschaft der Glacialcharakter aus. Gekritztem Geröll und Gletscherschliffen begegnet man hier häufig (v. Lössl'scher Garten, Pauli'sches Haus, Rothenfels u. s. w.). Es stand zu vermuthen, dass der vom Grünten quer von dem Thal vorspringende schmale Felsrücken die sog. Nase, die Gletscherabschleifungen in grossartigstem Maasstabe an sich tragen müsste. Sie sind jedoch hier auffallend spärlich zu sehen, wie an der sog. Josephs-Grotte, weil sie unbedeckt wahrscheinlich durch spätere Verwitterung wieder zerstört worden sind.

Es sei hier eine kurze Bemerkung über die im Molasseconglomerat so häufig zu beobachtende Erscheinung der Eindrücke in den Geröllen eingeschaltet. Ich betrachte diese Erscheinung als Wirkung einer oftmaligen gleichsam oscillirenden Hin- und Herbewegung eines härteren Rollstücks au einem benachbarten weicheren auf einer bereits abgelagerten Geröllbank durch den Einfluss fluthenden Wassers; denn in der Regel ist das weichere Gesteinstück das angebohrte. Was aber dieser Auffassung wesentlich zur Stütze dient, ist der Umstand, dass man dergleichen Gerölle mit Eindrücken nur da findet, wo die Rollstücke dicht aneinander liegen und sich berühren. In sandigen Lagen wo sie zerstreut da oder dort und von einander durch Sandzwischenlagen getrennt vorkommen, habe ich vergeblich nach Geröllen mit Eindrücken gesucht. Sie konnten sich hier nicht bilden, weil kein bohrender Nachbar vorhanden war und weil die Sandsteinanschüttungen aus anderen Fluthbewegungen hervorgegangen sind, als die Conglomerate.

Die Gletscherschliffe wiederholen sich zwischen Immenstadt und Lindau vielfach. Ein prächtiger Schliff ist beispielsweise unterhalb des Schlosses Staufen an einer neuen Strassencorrection blossgelegt, wie auch besonders grossartig bekanntlich im Rheinthale bei Rieden*) oberhalb Bregenz, wo der glauconitische versteinerungsreiche Muschelsandstein auf weite Strecken abgeschliffen und mit dicht an einander gereihten eigenthümlichen Gruben, wie man solche bei der Karrenfeldbildung findet, in grosser Anzahl durchfressen ist. Diese scharfeingeschnittenen, tiefen und dabei schmalen Gruben sind offenbar nach Art der Gletschermühlen entstanden, merkwürdig nur ist, dass sie an dieser Stelle zusammen mit Gletscherschliffen vorkommen.

Lindau selbst scheint auf einer Moräne zu stehen, aus welcher der sog. Hexenstein als einzelner Felsblock emporragt und aus welchem die colossalen,

---

*) Vergl. Kinkelin, Ueb. d. Eiszeit 187. S. 45.

bei der Hafenanlage aus dem Seeboden herausgehobenen Trümmer von Centralalpengestein zu stammen scheinen. *)

16. Das Fichtelgebirge.
(Anmerkung 16 zu Seite 34).

Das Fichtelgebirge und namentlich sein Erzreichthum hat in alter Zeit begeisterte Lobredner gefunden, welche es in ganz überschwenglicher Weise verherrlichten. Bruschius beginnt seine „gründliche Beschreibung des Fichtel-Berges" (1542): „Der Fichtel-Berg, ein überaus hoch und gewaltig Gebürge Teutsches Landes u. s. w. Dieses Gebürgs ist wenig, ja wol gar nicht bei den alten Skribenten gedacht worden, so doch kaum ein Gebürg in Teutschland, ja schier in Europa ist, das Lob- und Preiss-würdiger wäre;" und weiter: „Es ist auch mit Gold, Silber, Eisen und in Summa allerlei der besten Metallen, mit Schwefel und Quecksilber . . . . . . dieser Berg und gantz herum liegende Gegend und Landschaft allen andern Ländern und Gegenden teutschen Landes weit fürzuziehen." Das Sprichwort sage desshalb: „dass man an und um den Fichtelberg offt eine Kuh werfe mit einem Stein, der Stein sey aber besser, denn die Kuhe." Daher stimmt auch die Sage von den Venedigern und andern Fremden, welche ins Fichtelgebirg kämen, um an geheim gehaltenen Orten Schätze zu graben und mitzunehmen. Es gab sogar Büchelchen, welche diese Orte bezeichneten, sogen: Wahlenbüchlein d. h. „wälisch, französisch und auf Niederländisch teutsch geschriebene Verzeichnisse der fündigen Orten an und um den Fichtelberg." Sie liefen in mehreren Abschriften von Hand zu Hand. Als die besten und berühmtesten galten jene der Venediger Giovanni Carnero, des Gratiani Grundelli, des Sebastian Verso, Schott u. s. w. Pachelbel giebt in seiner „Ausf. Beschreib. des Fichtelbergs 1716" S. 259 Auszüge aus solchen. Es ist denkbar, dass in der That aus Venedig und aus dem Auslande Leute kamen, um vielleicht für die Herstellung und Färbung ihrer Gläser Manganerze und dergleichen Mineralstoffe an traditionsgemäss bekannten Stellen zu holen.

17. Der Bergbau im Fichtelgebirge.
(Anmerkung 17. zu Seite 34.)

Das Alter des Bergbau's im Fichtelgebirge reicht bis in sehr alte Zeiten hinauf. Kirchmajer (Instit. metallicae 1687) meint, dass „der Bergbau hier wenigstens 150 Jahr früher, als in dem Meissnischen Erzgebirge betrieben

---

*) Wenn soeben in einem Aufsatze über Glacialerscheinungen (Allg. Zeit. 1877 Nr. 83 Beil.) wiederholt die Granitblöcke im Fichtelgebirge als erratische angesprochen werden, so beruht dies auf einem grossen Irrthum. Im Fichtelgebirge findet sich keine Spur erratischer Erscheinungen.

wurde und nach denen Gosslarischen am Hartz, welche Kaiser Otto I. anno 968 eröffnet hat (de vaut de Ertze in dem Rammelsbarghe) die ersten und ältesten mitgewesen." Es sei sogar die Sage verbreitet, dass Bergleute aus dem Fichtelgebirge nach dem Harz versetzt wurden, um dort Bergwerke zu treiben Für die innere Berührung zwischen Harzer und Fichtelberger Bergbau spricht die Bezeichnung „Frankenberg" bei Rammelsberg und der lange Zeit hindurch sich erhaltende fränkische Dialekt unter den Bergleuten des Harzes.

Der Bergbau im Fichtelgebirge stand in der That vor dem 30jährigen Kriege in hoher Blüthe. Die auch auf dieser Gegend schwer lastenden Kriegszeiten brachten den Bergbau fast ganz zum Erliegen, die Baue verfielen, es füllten sich die Gruben mit Wasser. Es war daher auch der Zeit äusserst schwierig, die alten Baue wieder aufzunehmen, was nur bei den besseren glückte. Doch erhob sich der Fichtelberger Bergbau wieder im 18. Jahrhundert zu neuer Blüthe und selbst Alexander v. Humboldt, welcher vor seiner Reise nach Südamerika den Bergbau in den bayreuthischen Landen leitete, setzte nach seinen zahlreichen Berichten grosse Hoffnung auf den Aufschluss der Erzgänge in grösserer Tiefe, was sich leider meist nicht als richtig erwiesen hat. Zur Zeit beschränkt sich der Bergbau fast ausschliesslich auf die Gewinnung von Eisenerz bei Arzberg und an einigen Orten bei Hof.

18. Das Vorkommen von produktiven Steinkohlenschichten am Westrande des oberfränkisch-oberpfälzischen Urgebirgs.
(Anmerkung 18 zu S. 3, 23 und 33).

Zur Ergänzung der Angaben über die Versuchsresultate der Tiefbohrungen nach Steinkohlen am Ostrande des Schwarzwaldes, welche wir in Anmerkung 4 S. 47 zusammengestellt haben, kann hier der Kürze wegen bezüglich der Versuche am gegenüberstehenden Westrande des ostbayerischen Ur- und Uebergangsgebirgs auf die Darstellung im Bande II. der geognostischen Beschreibung Bayerns S. 559—665 und S. 670—680 verwiesen werden.

Darnach sind nur bei Stockheim und auf einen kurzen, schmalen Streifen bei Erbendorf beschränkt die Schichten der produktiven Steinkohlenformation an diesem Rande entwickelt. Bei Stockheim setzt ein mächtiges abbauwürdiges Steinkohlenflötz darin auf, bei Erbendorf dagegen finden sich zwar zwei — oft in eines vereinigte Kohlenflötze, sie sind aber nach den ausgedehnten darauf angestellten Versuchsbauen nur auf verhältnissmässig kurze Strecken bauwürdig, im grossen Ganzen aber müssen sie als den Abbau nicht lohnend erklärt werden. Desshalb wurden die grossartigen Ausschlussarbeiten bei Erbendorf seit Mai 1865 wieder gänzlich eingestellt, das Feld aufgegeben und verlassen, nachdem man die Ueberzeugung sich verschafft hatte, dass die Flötzparthie dicht am Urgebirgsrande, wie schon erwähnt, wo die ältere Gebirgsunterlage uneben erhöht und vertieft, aus- und eingebogen ist, dieser Unregelmässigkeit folgend ab- ord zunimmt, bald sich auskeilt, bald anschwillt, bald flach fällt, bald sich steil aufrichtet, selbst in widersinniges Einfallen überschlägt, und überhaupt eine unendlich wechselnde Kette von Nester, Putzer, Schnürchen und Verdrückungen darstellt, entfernter vom Urgebirgsrande aber und überall da, wo eine regelmässigere und ruhigere Schichtenlage sich einstellt, allmählich sich auskeilt und endlich ganz verschwindet, wie die Tiefbohrungen gegen die Muldenmitte bei Erbendorf mit 1506 bay. Fuss Gesammttiefe lehrten.

An dem zwischen Stockheim und Erbendorf fortziehenden Gebirgsrande, an welchem sich stellenweise, wie bei Ludwigschorgast, Rosenhammer unfern Weidenberg, bei Nemmersdorf, Kirchenpingarten und Lenau Rothliegendes anlegt, ist durch zahlreiche Versuche und Bohrungen selbst bis zu 1791 b. Fuss (s. a. a. O. S. 671) sowohl am Rande selbst als auch in grösserer Entfernung von demselben nicht bloss das Fehlen eines Steinkohlenflötzes, sondern auch der gänzliche Mangel der Kohlengebirgsschichten unter dem Rothliegenden thatsächlich nachgewiesen, so dass hier das letztere unmittelbar auf älterem krystallinischem Gestein aufruht.

Südöstlich von Erbendorf füllt das Rothliegende der Reihe nach mehrere Einbuchtungen des stellenweise vorgebirgsartig westwärts ansspringenden Urgebirgs grösstentheils, am verbreitetsten zwischen Neustadt a. Wn., Weiden und Irchenried aus. Zahlreiche Versuchsbaue und bis 1500 Fuss niedergehende Tiefbohrungen in der ganzen Ausdehnung dieser Bucht haben übereinstimmend auch hier das gänzliche Fehlen von Kohlengebirgsschichten unter dem Rothliegenden bestätigt, wie es die Tagaufschlüsse schon von vornherein deutlich erkennen liessen.

Durch weitere Versuche bei Schmidgaden, im Bodenwöhrer Becken, selbst am Rande des Donauthals in der Nähe von Donaustauf, an welchen Stellen die Ablagerungen von Rothliegendem strichweise sich wiederholen, konnten keine besseren Resultate erzielt werden.

In Anbetracht dieser thatsächlichen Verhältnisse, in Erwägung des Umstandes, dass am ganzen westlichen Gebirgsrande von Stockheim bis zur Donau bei Regensburg nach und nach immer jüngere Bildungen vom Buntsandstein an bis zu den cretacischen Schichten an das Urgebirge herantreten und die Ueberlagerung der vorausgehenden älteren Ablagerungen verstärken, so dass, selbst wenn vorausgesetzt werden dürfte, es fänden sich hier Kohlengebirgsschichten im Untergrunde abgelagert, diese nur in enormer, jeden Gedanken an technische Benützung ausschliessender Tiefe aufgefunden werden könnten und endlich in Berücksichtigung der zahlreichen mit dem Urgebirgsrande nahe parallel verlaufenden grossartigen Spaltenbildungen und Verwerfungen, die sich bis in dem entfernteren Gebiete des Frankenjura noch wiederholen, und welche in der Nähe des älteren Gebirgs jede regelmässige Lagerung der jüngeren Sedimentschichten selbst bis zur Ueberkippung stören, erscheint die Frage, ob an diesem Westrande des oberfränkisch-oberpfälzischen Urgebirgsrandes oder in seiner Nähe der Aufschluss von weiteren gewinnungswürdigen Steinkohlenflötzen gehofft werden könne, von technisch-praktischem Standpunkte aus als definitiv in negativem Sinne bereits beantwortet betrachtet werden zu dürfen.

19. Die Eisenerze von Amberg.
(Anmerkung 19 zu Seite 38.)

Die Stellung der Bildungen, mit welchen das überaus reichliche Vorkommen von Eisenerzen (Brauneisenstein) in der Oberpfalz zwischen Amberg, Auerbach, Pegnitz bis Kirchenthumbach und Sassenreuth innerhalb und am Ostrande des fränkischen Juragebirgs in Verbindung steht, war bis in die neueste Zeit noch wenig klar gelegt. Ich habe in meiner Beschreibung des ostbayerischen Grenzgebirgs es noch unentschieden gelassen, ob diese sog. Amberger Schichten der cretacischen oder der tertiären Formation angehören. Erst die neuesten Erfunde im Amberger Bergbau, in welchem cretacische Versteinerungen in einem mit dem Eisenerz nach der Lagerung eng verbundenen Mergel entdeckt wurden, und die zahlreichen Profile, welche durch den Bau verschiedener Eisenbahnlinien quer durch das Juragebiet aufgeschlossen sind, haben mich überzeugt, dass es, wie ich schon früher vermuthete, die tiefsten als sog. Kluftansfüllungsschichten bezeichneten, procänen oder cretacischen Ablagerungen sind, welche als ausgedehnte sandige Bildungen über den Jurakalk weit sich verbreiten und an zahlreichen Stellen z. Th. sehr mächtige, oft leider aber auch sehr putzenförmige und absätzige Eisenerze beherbergen. Die der Jurakalkformation ganz fremdartige mächtige Sand- und Sandsteindecke z. B. bei Auerbach, im Veldensteiner Forste, bei Holfeld und über das ganze Juraplateau gehört dieser tiefsten cenomanen Procänstufe an. Noch bei Plech stehen damit glauconitische Kalke mit charakteristischen cretacischen Versteinerungen in Verbindung und es gehören wohl die sämmtlichen, an geradezu zahllosen Stellen aufgefundenen Putzen, Nester und Striche von Brauneisenerzen, die an mehreren Stellen mit feinkörnigem, dem Dolomit äusserlich sehr ähnlichem Spatheisenstein (Auerbach und Langenbruck) verbunden sind, zu dem gewöhnlichen Begleiter dieser Sandablagerung. Ganz aussergewöhnlich ist die enorme Mächtigkeit des feinkörnigen Spatheisensteins, des sog. Weisserzes bei Auerbach und es ist zu vermuthen, dass hier die Amberger Erzformation sich unmittelbar mit einer an kohlensaurem Eisenoxydul ganz besonders reichen Entwicklung der oberen Doggerschichten — etwa Humphresianus- bis Macrocephalusschichten — zusammenschliesst. In der Regel beginnt diese Bildung in Vertiefungen des Juraplateau's zu unterst mit einer Anhäufung von Hornsteinknollen, die aus der Juraformation stammen, mit grobem, arkoseartigem, stellenweis zu einer Art Porzellanerde zersetztem Sand und verschiedenfarbigem, zuweilen weissem, plastischem und sehr brauchbarem Thon. Jene Hornsteinanschwemmungen und die Ablagerungen groben Sandes deuten auf den plötzlichen Einbruch von stark bewegten Fluthen zur Cenomanzeit, die, wie die Arkose zu beweisen scheint, von Osten hinüber durch eine Urgebirgslücke des östlichen Grenzgebirges von Böhmen her eingedrungen sind und sich wie das Jurameer, bis in die Gegend von Passau ausdehnten. Denn bei Passau d. h. bei Ortenburg-Voglarn wurden in neuerer Zeit von dem um die geognostische Erforschung dieser Gegend so hoch verdienten Bezirksarzte Dr. Egger als unterste Ablagerung eine gelbe, selten glauconitische Sandsteinbildung entdeckt, die ganz den Charakter des sächsisch-böhmischen Quadersandsteins an sich trägt. An organischen Einschlüssen enthält derselbe von Cenomanarten: *Ostrea haliotoidea* Sow., *Mytilus lanceolatus* Sow., *Rhynchonella compressa* Lam., dazu kommen *Pecten* cf. *inserens* Geiu.; *Cardita tenuicosta* d'Orb. und *Lima* aff. *decussata*. Mü. Ein beträchtlicher Theil dieser Ablagerungen im Süden mag mit den abgebrochenen Jurastücken in die Tiefe der nordalpinen Hochebene, hoch von Geröll überdeckt, unsichtbar geworden sei. Es ist zu betonen, dass auch diese südlichsten Ablagerungen weder petrographisch, noch paläontologisch eine nähere Verwandtschaft mit den benachbarten gleichalterigen Ablagerungen der Alpen wahrnehmen lassen, was auf den Fortbestand einer Scheidewand zwischen alpinem und ausseralpinem Gebiete auch noch zur Kreidezeit hinweist.

20) Das Rhöngebirge.
(Anmerkung 20 zu S. 40.)

Schon im Jahre 1855 wurde auf speziellen Befehl S. Maj. des Königs Maximilian II. zum Zwecke des Auffindens neuer Erwerbsquellen aus dem Mineralreiche für die in Nothstande befindlichen Rhönbewohner eine cursorische Untersuchung der geognostischen Verhältnisse der Rhön mit besonderer Bezugnahme auf etwa vorfindliche, nutzbar zu machende unterirdische Rohstoffe, vorgenommen. Dabei hatte sich ergeben, dass eine wesentliche und durchgreifende Besserung der Erwerbsverhältnisse der Rhönbewohner weniger durch eine ausgedehnte Benützung von Mineralstoffen in Aussicht gestellt werden könne, als durch eine allgemeine Zurückführung der durch die Beschaffenheit des Gebirgs bedingten und gebotenen natürlichen Verhältnisse. Dahin gehört in erster Linie eine kräftige Bewaldung und Wiederaufforstung der grossen z. Th. früher bewaldeten, jetzt kahlen Flächen, um das Klima zu verbessern, den Boden gleichmässig zu befeuchten und den Hauptkrebsschaden vieler Rhönorte, den Viehbetrieb zu beseitigen, dafür aber den Betrieb der Landwirthschaft zu heben. Eine erneuerte von Prof. Dr. Fridolin Sandberger im Sommer 1876 im Interesse eines Rhöneisenbahn-Projektes durchgeführte Untersuchung war besonders auf den Nachweis der technisch wichtigen Vorkommnisse von Braunkohlen-Torf, Kalktuff, Schwerspath und Basalt gerichtet, deren Ausfuhr für den Eisenbahntransport von Bedeutung ist. Er kommt zu dem Schlusse, dass es einer Bahn Mellrichstadt-Bischofsheim-Brückenau an Transportmaterial nicht fehlen dürfte. Ich schliesse mich im Wesentlichen dieser Anschauung an, glaube aber, dass es sich bei Massentransporten aus der Rhön nur um den Basalt, dessen Verwendung ja eine grosse Zukunft hat, handeln kann, und dass eine auf die Gesammtbevölkerung der Rhön gleichmässig sich vertheilende Aufbesserung ihrer Lage nur durch die schon oben angedeutete Bewaldung und ihre Folgen zu erzielen sein möchte.

*) Dr. Fried. Sandberger, Gutachten über die geognostischen Verhältnisse der Rhön 1876.